Kofi Edusei

Für uns ist Religion die Erde, auf der wir leben

Abb. 1 Am Golf von Guinea im Westen Afrikas liegt die Republik Ghana, die klimatisch zum äquatorialen Typ mit zwei Regenzeiten gehört. Die Aschanti, einer der vielen Stämme Ghanas, gehören zur Sprach- und Kulturgruppe der Akan.

Kofi Edusei

Für uns ist Religion die Erde, auf der wir leben

Ein Afrikaner
erzählt von der Kultur der Akan

Urachhaus

Meinem Vater, Yaw Barimah, und meiner Tochter Amoanimaa gewidmet

Übersetzung aus dem Englischen: Hans Gilck, Ute Haas, Ursula Hosch, Susanne Schumacher und Lina Wickel.
Zeichnungen: Joseph Yao Amanfu.
Zeichnungen im Anhang: H. Feleciano.

Auf dem Umschlag ist ein »Akuaba« abgebildet, ein hölzernes Schnitzwerk, das die Mutter Erde symbolisiert. Ein Sinnbild für Fruchtbarkeit und ewiges Leben.

CIP-Kurztitelaufnahme der Deutschen Bibliothek

Edusei, Kofi:

Für uns ist Religion die Erde, auf der wir leben : e. Afrikaner erzählt von d. Kultur d. Akan / Kofi Edusei. Übers. aus d. Engl. Hans Gilck ... – Stuttgart : Urachhaus, 1985.
ISBN 3-87838-444-0

ISBN 3 87838 444 0

Satz und Druck der Offizin Chr. Scheufele, Stuttgart.
Umschlaggestaltung: Bruno Schachtner, Dachau.

Inhalt

Anhang

Für die erwiesene Hilfe möchte ich folgenden Menschen meinen Dank aussprechen:

Dr. Hans Gilck und Dieter Hornemann für die Anregung, dieses Buch zu schreiben. Ursula und Dieter Hosch sowie Rainer und Sabine Schmidt für ihre große Hilfsbereitschaft in der ersten Zeit in Deutschland. Meinem amerikanischen Freund Victor Romero danke ich für das Lesen des Manuskriptes; Hans Gilck, Ute Haas, Ursula Hosch, Susanne Schumacher und Ingeborg Weylkirchner für die Arbeit am deutschen Manuskript. Schließlich gebührt auch dem Verlag Urachhaus mein herzlichster Dank für die Herausgabe des Werkes.

Meiner lieben Frau Akua Boakyewaa bin ich zu besonderem Dank verpflichtet. Sie war immer an meiner Seite und half mit ihrem Wissen bei einigen wesentlichen Themen dieses Buches.

Im Frühjahr 1985 *Kofi Edusei*

Zur Entstehung dieses Buches

Kofi Eduseis Heimat liegt im tropischen Regenwald Westafrikas. Am 24. September 1945 kam er in Swedre, einem kleinen Dorf im Aschanti-Land, weit im Innern von Ghana, zur Welt. Er war als zweitgeborenes Kind der einzige Sohn unter sechs Geschwistern. Seine Eltern lebten wie die übrigen Dorfbewohner ausschließlich von den kleinen, im Hackbau bewirtschafteten Feldern. Mit fünf Jahren kam Kofi gegen den Willen des Vaters in die örtliche Grundschule. Darüber sagte er selbst: »Mein Vater, ein weitbekannter und hochangesehener Medizinmann und traditioneller Heiler, wollte, daß ich als sein Ältester und einziger Sohn in seine Fußstapfen trete und mich einem gründlichen Studium der Tradition und der Kultur meines Stammes unterziehen sollte.« Tatsächlich lernte er trotz des Schulbesuches an der Hand des Vaters bis zu dessen Tod noch vieles über die Kultur der Aschanti. So erfuhr er auch zum Beispiel die Bedeutung der kosmischen Einflüsse sowohl für die landwirtschaftliche Praxis und für die Anwendung von Heilkräutern als auch für das ganze übrige Leben der Menschen. Da der Vater schon im hohen Alter stand, ruhte die Verantwortung für das Land und die Ernährung der Familie, nachdem die ältere Schwester geheiratet hatte, ganz auf den Schultern von Mutter und Sohn. Kofis Hauptaufgabe bestand darin, auf dem etwa 100 × 100 m großen Gelände genügend Nahrungsmittel für den eigenen Bedarf nebst einem kleinen Überschuß zum Verkauf zu erwirtschaften, um notwendige Güter wie Salz oder Seife erstehen zu können.

Nach der Grundschule besuchte Kofi die Sekundarschule in Bremang und Asan Krongwa und wurde schließlich in das Wesley College in Kumasi aufgenommen. Dort machte er eine Lehrerausbildung und studierte im besonderen Tradition und Brauchtum seines Volkes. Zu den Pflichten der Studenten gehörte es auch, unter der Leitung des Landwirtschaftslehrers Gemüse für die Mahlzeiten am College anzubauen. Nach Abschluß dieser Ausbildung arbeitete Kofi Edusei dann als Lehrer und bewirtschaftete zusammen mit den jüngeren Schwestern das Land seines verstorbenen Onkels, das ihm zur Bearbeitung übertragen worden war. Dem Vermächtnis seines Vaters folgend, blieb ihm jedoch die Beschäftigung mit der traditionellen

Religion und Kultur seines Volkes immer ein besonderes Anliegen. Dabei sah er jedoch ganz deutlich, daß ihm der Weg der alten Einweihung, den sein Vater noch hatte gehen können, durch die zunehmende Zivilisation versperrt war. In späteren Jahren wurde er unter anderem Geschäftsführer und Sprecher der Eltern-Lehrer-Vereinigung (Parents-Teachers-Association) seines Bezirkes.

Als 1979 von der Unicef und von Nigeria stammende und für die Schulen in Ghana bestimmte Hilfsgüter wieder einmal ihr Ziel nicht erreichten, sondern spurlos verschwanden, beschloß die Eltern-Lehrer-Vereinigung, eine Anfrage an das Erziehungsministerium zu richten, um den Verbleib der Hilfsgüter aufzuklären. Die Initiatoren dieser Anfrage wurden nach wenigen Tagen verhaftet und unmenschlich mißhandelt. Kofi Edusei konnte durch den Hinweis eines Verwandten gerade noch rechtzeitig fliehen und kam auf einem dramatischen Fluchtweg mitten im härtesten Winter nach Polen und schließlich über Ost- und Westberlin nach Stuttgart. Hier suchte er am 2. Februar 1980 um politisches Asyl nach. Seine Mutter und seine Frau mit drei kleinen Kindern im Alter von 6, 4 und ¾ Jahren wußten über Monate hin nicht, wo sich der Sohn und Ehemann befand und ob er überhaupt noch am Leben war.

Nach der Flucht erkrankte er in Folge all der Ereignisse zunächst schwer, lernte dann aber durch mehrere glückliche Umstände – es war noch vor der Verschärfung der Asylantengesetze in der Bundesrepublik* – eine verständnisvolle Familie kennen, die ihn aufnahm. In einem metallverarbeitenden Betrieb fand er Arbeit als Pakker und konnte durch die Bemühungen seiner Gastgeber schließlich auch eine Wohnung mieten. Eines Tages stieß Kofi Edusei zu einer Jugendgruppe der Christengemeinschaft in Stuttgart, die jeden Mittwoch einen Jugendabend veranstaltete, der zu jener Zeit unter dem Thema »Die Völker der Welt« stand. Er war dorthin eingeladen worden, um aus seiner Heimat zu erzählen. Als Kofi den Jugendraum – eine ausgebaute Garage mit Kaminfeuer und runden Fenstern – zum ersten Mal betrat, atmete er tief auf. Er schien etwas Heimatliches zu fühlen. Zunächst berichtete er etwas zurückhaltend vom Landbau in Ghana. Sein nicht immer einfaches Englisch wurde übersetzt. Die jungen Leute aber waren begeistert und baten ihn spontan, am nächsten Mittwoch wiederzukommen. So wurde aus dem einen Besuch eine wach-

* Die derzeitige Situation ist durch die Unterbringung in Sammelunterkünften und das generelle Arbeitsverbot für Asylbewerber viel schwieriger geworden.

Senden Sie

☐ Prospekte ☐ Probehefte

auch an folgende Adresse(n):

Bitte
ausreichend
frankieren

Verlag Urachhaus

Postfach 13 10 53

D-7000 Stuttgart 1

sende Freundschaft über Jahre hinweg. Je mehr er spürte, daß ihm Offenheit für eine geistige Weltsicht entgegenkam, desto mehr zeigte er sich bereit, von den geheimnisvollen Gedanken und Gebräuchen seines Volkes zu berichten.

Die Entstehung dieses Buches nahm ihren Anfang an einem der Abende am Kaminfeuer. Als Kofi Edusei gebeten wurde, doch einen bestimmten Teil des soeben Erzählten für einige der Zuhörer aufzuschreiben, kam er in der folgenden Woche ohne die erbetene Niederschrift wieder und sagte, daß er ein Buch über die traditionelle Religion seines Volkes schreiben wolle. In vielen Nächten, an Wochenenden und Urlaubstagen entstand dann das vorliegende Werk. Dabei zeigte sich eine erste Schwierigkeit in der doppelten Übersetzung. War es für den Autor schon schwer, im Englischen die adäquaten Ausdrücke für die Feinheiten der geistigen Vorstellungen zu finden, so hatten später die Übersetzer alle Mühe, diese ihrerseits nun ins Deutsche zu übertragen. Nur zahlreiche Rückfragen konnten schließlich zu einem befriedigenden Ergebnis führen. Zum anderen sah Kofi Edusei die Grenzen einer Veröffentlichung: Schon bei seinen Erzählabenden äußerte er, daß er über gewisse Erlebnisse nicht sprechen dürfe. Einzelheiten über das vorgeburtliche Leben der Seele hielt er zwar für erzählbar, nicht aber für druckbar. Dennoch entstand schließlich ein Werk, das die Gottesvorstellung der Akan behutsam und doch umfassend und anschaulich zur Darstellung bringt.

Neben der Beschäftigung mit der Tradition seines Volkes galt Kofi Eduseis Interesse immer weiter der Landwirtschaft. Seine Berichte über die landwirtschaftlichen Methoden der Akan ließen eines Tages die Idee aufkommen, ihm das Buch »Geisteswissenschaftliche Grundlagen zum Gedeihen der Landwirtschaft. Landwirtschaftlicher Kurs Koberwitz« von Rudolf Steiner zu schenken. Die Lektüre dieses Werkes erweckte in ihm den dringenden Wunsch, die biologisch-dynamische Wirtschaftsweise genauer zu studieren, da er deren Richtigkeit und Bedeutung spontan erfaßt hatte. Er sah darin eine Möglichkeit, seinem Volk in dessen verzweifelter Ernährungslage zu helfen. Das Vorhaben, ihm ein Studium am Emerson College in England zu ermöglichen, erschien 1982 noch außerordentlich schwierig, war doch über seinen Asylantrag nach über zwei Jahren immer noch nicht entschieden. Viele glückliche Fügungen, die ideelle und finanzielle Hilfe eines großen Freundeskreises sowie die inzwischen veränderte politische Lage in seinem Heimatland, die eine Rückkehr nach Ghana zu erlauben schien, ermöglichten es schließlich, daß er im September 1983 am Emerson College das Studium des Rural Development Programs, das Entwicklungshilfe auf geisteswissenschaftlicher Basis vermittelt, aufnehmen konnte. Sein Entschluß, seinem hungernden Volk und den unter dem westlichen Einfluß immer mehr zerbrechenden traditionellen Gemeinschaften und dem damit verbundenen Verlust menschlicher Werte durch tragende Ziele weiterzuhelfen, wurde noch bestärkt, als er im Sommer 1984 nach vierjähriger Abwesenheit sein Dorf und seine Familie wiedersehen konnte. Er schrieb damals: »... Das ganze Dorf erwartete uns. Ich wurde wie ein König willkommen geheißen mit Freudenfeuern, dumpfen Trommeln und Tänzen. Wenn ich auch nur ein Diener dieses armen Volkes bin, von dem ich abstamme, so brachten meine Gegenwart und mein Kommen neues Leben nicht nur in mein Dorf, sondern auch in die umliegenden Dörfer. Ich habe mich nicht verändert, selbst nicht durch meine lange Abwesenheit von zu Hause. Ich bin so glücklich, wieder mit ihnen zusammen zu sein, um ihre Probleme mit ihnen zu teilen. Die Situation in Ghana ist so kritisch, daß es sehr schwierig wäre, sie hier zu beschreiben. Mein kurzer Eindruck ist der, daß mein Volk langsam seine menschlichen Werte verliert. Ich bin sehr glücklich, daß ich den richtigen Weg sehe, ihm zu helfen. In einer solchen Lage kann ein Mann seine Dienste in das Wohl seines Volkes stellen.«

Kofi Edusei studiert nun im zweiten Jahr am Emerson College und hofft, zum Jahreswechsel 1985/86 mit seiner Arbeit in Ghana beginnen zu können.

Im Frühjahr 1985 *Hans Gilck – Dieter Hornemann*

Die traditionelle Religion der Akan

I. Allgemeine Einführung

Wer sich mit Ghana und seinen Stämmen beschäftigt, wird erkennen, daß die Religion die Wurzel der ghanaischen Kultur bildet und daß sie das entscheidende Prinzip im Leben der Akan ist. Deshalb kann man sagen, daß für die Akan das Leben Religion und die Religion Leben ist. Bei jeder Tätigkeit fühlen sie sich in einem religiösen Zusammenhang, sei es beim Ackerbau, beim Tanz, auf der Reise oder beim Essen und Trinken. Religion gibt ihrem Leben Sinn und Bedeutung, und zwar in der diesseitigen wie auch in der jenseitigen Welt. Diese Tatsache muß zum Verständnis des Landes und seiner Völker ganz deutlich gemacht werden.

1. Die Hauptzüge der Religion

Wie auch anderswo besteht die Religion in Ghana aus einer Reihe von Glaubensinhalten und sich daraus ergebenden Riten. An erster Stelle steht der weitverbreitete Glaube an Gott, der je nach Ort verschiedene Namen trägt. Er ist als ein rein geistiges Wesen gedacht; es gibt von ihm keine Bilder oder sichtbaren Darstellungen. Er wird als der Schöpfer der Erde und alles ihr Innewohnenden angesehen. Macht, Gerechtigkeit, Güte, Allwissenheit, Allgegenwart und Zeitlosigkeit werden ihm zugeschrieben. Er ist die Quelle aller Macht und hat Macht über Leben und Tod. Er belohnt die Menschen und bestraft sie auch, wenn sie fehlgehen. Er kann mit dem obersten Herrn der Gemeinschaft verglichen werden, denn er ist die höchste Autorität in allen Angelegenheiten.

Gott am nächsten sind die Geister der Ahnen, die eine herausragende Rolle in der traditionellen Religion der Akan spielen. Die Ahnen werden wie Gott immer mit Verehrung und Ehrfurcht umgeben.

Es folgen die übernatürlichen Wesenheiten oder niederen Götter, die ihre Macht von Gott herleiten. Im Gegensatz zu Gott und den Ahnen können die niedrigeren Götter mit Ehrfurcht oder Geringschätzung behandelt werden, je nachdem, ob sie menschliche Bestrebungen unterstützen oder nicht. Jedoch wird ihnen die Macht zugeschrieben, die Menschen belohnen oder mit Unglück, Krankheit oder gar Tod bestrafen zu können. Diese Götter spiegeln einzelne Aspekte der Macht des Schöpfers wider, der sie für besondere Aufgaben erschuf. Sie haben nämlich ihre bestimmten Möglichkeiten oder Aufgabenbereiche und können in Zeiten der Not angerufen oder zu Rate gezogen werden.

Einige dieser Götter oder übernatürlichen Wesenheiten werden mit bestimmten Erscheinungen in der Natur in Zusammenhang gebracht, wie etwa mit Bäumen, Flüssen, Bergen, Felsen usw.; aber in diesen Gestalten zeigen sich nicht etwa die Götter selbst, wie manche Autoren fälschlich annahmen; sie sind lediglich Wohnstatt der Götter, die ihrem Wesen nach geistig sind und eine uneingeschränkte Bewegungsfreiheit haben; sie können gehen und kommen, wie sie wollen.

Neben den Naturerscheinungen, die als Wohnstätten der niedrigeren Götter angesehen werden, betrachten manche Stämme der Akan, vor allem die Aschanti, Tiere und Pflanzen auch als Sinnbilder erblicher Beziehungen. Diese Anschauung wird mit dem Begriff Totemismus bezeichnet. Tiere und Pflanzen sollen eine entscheidende Rolle beim Überleben der Vorfahren eines bestimmten Volkes gespielt haben. So besteht eine heilige Beziehung zwischen den oben genannten Erscheinungen und den Nachkommen dieser

Menschen. In der Einstellung dieser Stämme zur Natur zeigt sich, daß sie deren Erscheinungen ein Machtvermögen zuschreiben, das durch regelmäßig wiederkehrende Handlungen günstig gestimmt werden muß.

Neben den Göttern oder übernatürlichen Wesenheiten gibt es andere Geister oder geheime Mächte, mit deren Fähigkeit, den Menschen zu helfen oder zu schaden, gerechnet werden muß. Dazu gehören auch Beherrscher von Hexenkünsten, Magie und Zauberei.

Schließlich gibt es noch die Zaubermittel, Amulette und Talismane, von den Akan »Suman« genannt. Sie werden zum Schutz getragen, aber auch mit der Absicht eingesetzt, Schaden zu bringen. Auf all diese Wesenheiten soll später noch ausführlich eingegangen werden.

2. Mensch und Gemeinschaft

Nach dem allgemeinen Glauben der Akan ist der Mensch sowohl physischer (stofflicher) wie auch übersinnlicher (nicht stofflicher) Natur. Auf der Grundlage dieses Glaubens ersteht die Einheit der menschlichen Persönlichkeit. Der Mensch ist sowohl ein biologisches als auch ein geistiges Wesen. Der stoffliche Anteil des Menschen ist es, der stirbt, wohingegen der geistige Anteil, die Seele, nach dem Tode weiterlebt. Daher beendet der Tod nicht das Leben; er ist vielmehr eine Ausweitung des Lebens. Es herrscht der feste Glaube, daß eine Gemeinschaft der Toten neben der Gemeinschaft der Lebenden besteht und daß beide in wechselseitig wohltätigem Zusammenwirken stehen. Die menschliche Gemeinschaft besitzt daher eine besondere, übernatürliche Dimension, da die Toten ein Teil von ihr bleiben. Die Toten, die Lebenden und die Ungeborenen bilden eine unteilbare und ungeteilte Familie.

Im Verhältnis des Menschen zur Gemeinschaft bemerken wir, daß seine Mitgliedschaft in einer Gemeinschaft stärker betont wird als seine Individualität. Menschsein heißt für die Akan, zur ganzen Gemeinschaft zu gehören. Das bedeutet für sie, an den Zeremonien, den Ritualen und Festen dieser Gemeinschaft im Geistigen wie im Physischen teilzuhaben.

»Der Mensch ist ein Mensch um der anderen willen, allein bist du ein Tier«, sagen die Aschanti. Die Gesellschaft gründet sich stärker auf Verpflichtungen gegenüber der Gemeinschaft als auf individuelle Rechte. Man reiht seine Rechte in die Ausübung der Pflichten ein, die die Gemeinschaft zu einer Kette von Wechselbeziehungen macht.

Das menschliche Leben als solches ist ein Zyklus von Geburt, Pubertät, Ehe, Zeugung von Nachkommenschaft, Tod und Leben nach dem Tode. Der Mensch kann nicht für immer in einem Daseinszustand verharren, er muß sich auf den nächsten zu bewegen; zur Gestaltung eines fließenden Überganges werden besondere Riten vollzogen, um sicherzustellen, daß keine Bruchstellen auftreten und Wandel und Erneuerung unaufhörlich bestehen bleiben.

3. Religion und Gemeinschaft

Einer der besonders kennzeichnenden Züge der traditionellen Religion der Akan ist ihr völlig in Anspruch nehmender Charakter: das Leben in seiner Ganzheit geht auf in Religion. Religion bindet den Menschen an die unsichtbaren Kräfte und hilft ihm, die richtigen Beziehungen zu diesen Mächten zu finden; auch verknüpft sie ihn mit seinen Mitmenschen. Religion ist das Band, das unsere Stämme zusammenhält und ihnen den notwendigen Halt und die notwendige Festigkeit gibt. Religion umschließt die Ganzheit der Akan-Kultur. Normalerweise braucht der Mensch keine besondere Unterweisung in Religion. Er nimmt sie im Heranwachsen auf und fängt an, an den Gemeinschaftsritualen und Zeremonien teilzunehmen. Nur Priester, Stammesführer oder Führer religiöser Gemeinschaften benötigen besondere religiöse Unterweisung. Das Oberhaupt einer Familie oder Großfamilie fungiert oft als religiöser Vorstand des Haushaltes. Unter anderem ist die regelmäßige und sorgfältige Durchführung der Riten und Opfer für die Ahnen die erste Pflicht des Familienoberhauptes. Der Respekt und die Verehrung, die ihm gebühren, beruhen vornehmlich auf seiner Rolle als Priester des Haushaltes. Er muß natürlich darüber hinaus große Weisheit und Stärke zeigen, aber die Grundlage seiner Autorität hat ihre Wurzel im geistig-religiösen Bereich. Ein weiteres Zeugnis dafür, wie die Religion die Gesamtheit der Akan-Kultur formt, finden wir in den die Akan-Familien verknüpfenden sozialen Bindungen, die gewöhnlich identisch sind mit religiösen Bindungen; die Familie wird so nicht nur zur sozialen, sondern auch zur Kultgemeinschaft.

Häuptlinge und Könige haben in der Akan-Gesellschaft eine doppelte Rolle zu übernehmen: sie sind nicht nur in Politik oder Verwaltung fungierende Amtspersonen, sondern auch dem religiösen Bereich zugehörende Persönlichkeiten. Der Häuptling bezieht seine Autorität aus der Tatsache, daß er auf dem Thronschemel der Ahnen sitzt. Er ist auch der religiöse Würdenträger, der sein Volk gegenüber den Ahnen vertritt. Im Zusammenhang der Akan-Gemeinschaft ist er der Vermittler zwischen den königlichen Vorfahren und dem Stamm. Vom Moment der »Inthronisierung« an wird seine Person heilig. Das wird durch Tabus betont. Er darf niemanden schlagen und darf selbst nicht geschlagen werden, sonst bringen die Vorfahren Unglück über den Stamm. Niemals darf er barfuß gehen; sollte seine Fußsohle den Boden berühren, würde ein Unglück die Gemeinschaft heimsuchen. Mit Vorsicht soll er einherschreiten, um ja nicht zu stolpern; sollte dies dennoch vorkommen, so muß das zu erwartende Unheil durch Opfer abgewendet werden. Auch soll sein Gesäß nicht den Boden berühren, auch das kann unheilbringend sein. All diese Tabus erinnern den Häuptling und auch sonst jedermann daran, daß er eine geheiligte Stellung innehat. Er ist derjenige, der auf dem Thronschemel der Ahnen sitzt (ote nananom akonnwa so). Deshalb wird er mit größter Ehrerbietung behandelt.

Der Akan-Häuptling muß beim Adae-Fest, das alle 42 Tage zweimal gefeiert wird, als Priester amtieren. Er entbietet den Ahnen als ihr Diener Speise und Trank. Auch beim jährlichen Odwira-

Fest spielt der Häuptling die tragende Rolle und opfert regelmäßig den Stammesgöttern. In Zeiten des Unheils und der Not muß der Häuptling besondere Opferhandlungen vollziehen.

Im folgenden werden ausführliche Schilderungen von bestimmten Aspekten der traditionellen Religion der Akan gegeben. Die Religion stellt das Bemühen unserer Vorfahren dar, auf ihre eigene Art das Universum und die Stellung des Menschen in ihm verständlich zu machen. Sie taten dies mit Hilfe von Mythen oder Geschichten, die über das gewöhnliche Verständnis des Menschen hinausreichen, Geschichten mit esoterischer Bedeutung.

Die Geheimnisse des Lebens und des Todes waren Themen für Dichtung, Lieder, Sprichwörter und Feste. Mit dieser Darstellung werden wir versuchen, das religiöse Erbe der Akan zu verstehen, um ihr religiöses Erleben in seiner Ganzheit in rechter Weise würdigen zu können.

II. Der Gottesbegriff

Die Auffassung von Gott als dem Schöpfer der Erde und des Menschen und als höchste Autorität in allen Dingen ist fast allen afrikanischen Völkern gemeinsam. Sie ist nicht, wie frühere Autoren annahmen, fremden, das heißt nichtafrikanischen Ursprungs. Die Aschanti wie auch die übrigen akansprechenden Stämme machen da keine Ausnahme. Die Gottesvorstellung ist in ihren religiösen Glaubensinhalten fest verankert und bildet die Grundlage ihres religiösen Systems.

Die Akan haben verschiedene Namen für Gott, die sich grundlegend von denjenigen Namen unterscheiden, die sie den übrigen geistigen Wesen geben. Mit diesen besonderen Namen verleihen sie ihrer Auffassung von der Einzigartigkeit Gottes Ausdruck. In den Benennungen spiegeln sich die Eigenschaften, die sie ihm zuschreiben. Er ist das höchste Wesen, der Eine, der in allem Vorherrschende.

Onyame	–	das höchste Wesen, Gott der Schöpfer aller Dinge, die Gottheit.
Nana Onyankopon	–	Großvater, Nyame, der allein der Große ist.
Tweduampon	–	der Verläßliche.
Amovia	–	Spender der Sonne oder des Lichtes.
Amosu	–	Regenbringer (Spender des Regens).
Totrobonsu	–	der Eine, der Regen in Fülle fallen läßt.
Amoamee	–	der Genüge gibt.
Brekyinhunuade	–	der alles sieht, selbst von der Rückseite.
Abommubuwafre	–	der Trostspender, der Erlösung bringt.
Nyaamanekose	–	der, dem du Leid, das über dich kam, anvertrauen kannst.
Tetekwaframoa	–	der jetzt ist und von Anbeginn war.
Nana	–	der große Ahne.
Borebore	–	»Aushebender« (Erdbewegender), Hauender, Schöpfer, Urheber, Bildhauer, Baumeister (Architekt).

Odomankoma	–	der Schöpfer; dessen Gnade auf alle fällt.
Oboadee	–	Schöpfer.
Amponyinamoa	–	Er, der seine Schöpfung nicht verachtet.

Aus den aufgeführten Namen ersteht ein klares Bild davon, wie die Akan Gott verstehen. Er ist der Herr des Himmels und der Erde, der Schöpfer von Mensch und Welt, der Spender von Leben, Licht und Lebensunterhalt. Er ist außerhalb der Zeit und darum ewig. Er allein ist groß, allmächtig und unüberwindlich.

Gott ist wesentlich Geist, er ist unsichtbar, aber allgegenwärtig. Man mag ihm wohl die menschlichen Fähigkeiten des Sehens und Hörens zusprechen, dies aber nur in der Weise, als die Sprache keine entsprechenden Begriffe bietet, das auszudrücken oder zu beschreiben, was in Wahrheit übersinnlich oder geistig ist. Er kann in dem Sinne erkannt werden, daß seine Werke oder Taten wahrgenommen oder gewürdigt werden, doch können diese seine wahre Natur oder seine Wesenheit niemals ganz umfassen.

Gottes Unsichtbarkeit wird auch mit anschaulichen Redewendungen charakterisiert. So wird er mit dem Wind verglichen, der wie Er unsichtbar und doch gegenwärtig ist. Die Akan sagen: »Wenn du mit Gott sprechen willst, dann sag es dem Wind.« Sie respektieren Gottes Unsichtbarkeit, indem sie keine bildlichen Darstellungen von ihm haben. Auch weihen sie ihm selten Schreine oder Tempel, denn sie glauben fest an seine Allgegenwart und daran, daß sie ihn an jeglichem Ort anrufen können. Dies steht in scharfem Gegensatz zu ihrer Auffassung von den niedrigeren Gottheiten, denen sie zahlreiche Tempel und Schreine widmen. Sie glauben, daß diese Gottheiten in ihrer Macht und Zuständigkeit begrenzt sind, und daß sie geschaffen wurden, um besondere Aufgaben in der Ordnung des Kosmos wahrzunehmen.

1. Gott der Schöpfer

Der Gedanke, daß Gott der Erschaffer der Welt und all dessen ist, was sich auf ihr befindet, ist für die religiösen Glaubensinhalte der Akan grundlegend. Die Stammesgemeinschaft hat ihre eigenen Mythen, die erzählen, wie die Welt erschaffen wurde und in welcher Reihenfolge der Schöpfer bei seinem Werk vorging.

Ein Mythos berichtet davon, daß Onyame, bevor man ihn Onyame nannte, einst ein sehr mächtiger Geist war, der in einer Höhle lebte. Er war von so großer Macht, daß jedes Ereignis, von dem er sagte, es werde geschehen, tatsächlich eintraf. Eines Tages sagte er: »Ich habe all diese Macht, warum gebrauche ich sie nicht? Lange habe ich alleine gelebt, ohne mit jemandem sprechen oder spielen zu können.« Dann ging er zu dem Eingang der Höhle und sagte: »Ich möchte, daß alle möglichen Arten von Tieren mit mir in dieser Höhle leben«, und so kamen die Tiere jeweils in Paaren. Dann schloß er die Tür. Nach einer Weile rief er sie alle zusammen und verkündete ihnen die Gesetze und Regeln der Höhle. Er sagte: »Alles will ich euch geben, Nahrung und alles übrige, aber ihr dürft meine eigene Nahrung nicht anrühren.« Dann blickte der Geist um sich und sagte: »Diese Höhle ist zu klein.« Und so drehte er sich einmal um sich selbst, und die Höhle wurde sehr, sehr groß. Die Tiere waren nun sehr glücklich, denn sie hatten nun viel Raum, um Nahrung zu finden. Sie mußten einfach nur essen. Auch der Geist war glücklich. Er hatte Nachbarn, mit denen er sich unterhalten und spielen konnte. Der Geist war so groß, daß all die Tiere nicht einmal eines seiner Beine bewegen konnten.

Aber der Geist bestand sehr streng auf der gebührenden Beachtung der Gesetze und Regeln.

Eines Tages kam eines der Tiere herbei, um den Geist zu begrüßen. Als es näher herbeitrat, roch es eine süß duftende Speise. Es sah die Speise, nahm etwas davon und aß es. Sofort fand es sich dem Geist gegenübergestellt. Der Geist sagte: »Wie kommst du hierher? Du hast mein Gesetz gebrochen.« Dann warf der Geist das Tier aus der Höhle und sagte: »Du! von nun an ist dein Name Kuh.« Eine Weile darauf aß ein anderes Tier von der Speise, und wieder warf es der Geist aus der Höhle und sagte: »Du! von nun an ist dein Name Affe.« Schließlich hatte er alle Tiere aus der Höhle geworfen. Einige der Lebewesen nannte der Geist Mensch. So bekamen die Tiere ihren Namen. All die Tiere und Menschen wandern noch immer auf der Erde umher und suchen jene süß duftende Nahrung. Der Geist heißt nun Onyame. Er hat sich nun weit über die Menschen erhoben, er sitzt und wartet, wer wohl seine Speise essen wird. Menschen und Tiere sind nun von Onyame entfernt. Die Entfernung bedeutet wahrscheinlich den Verlust der Unsterblichkeit, die ein Attribut Onyames ist.

Ein zweiter Mythos berichtet, daß vor dem Beginn der Schöpfung leerer Raum gewesen sei. Es gab nichts außer Odomankoma, der ohne Anfang und Ende ist, und dann noch den großen Baobab, den Affenbrotbaum.

Odomankoma hatte sechs Kinder und das waren: Ogya (Feuer), Nsuo (Wasser), Mframa (Erde), Asaase (Luft), Otomfoo (Schmied) und Nyansa (Weisheit). Odomankoma rief seine Kinder unter den Affenbrotbaum, um die Welt zu erschaffen. Am ersten Tag – es war Montag – ließ er Feuer und Weisheit in Schlaf sinken und hieß den Schmied die Bäume schaffen. Am zweiten Tag, dem Dienstag, setzte er sich wieder auf seinen weißen Schemel und erschuf unter dem Affenbrotbaum die Kriechtiere mit Luft, Wasser und Erde. Wieder versetzte er Kraft seiner Macht Feuer und Weisheit in Schlaf. Als Feuer aus seinem Schlummer erwachte, geriet er in Ärger, daß Odomankoma ihm nicht erlaubt hatte, das Schöpfungswerk zu sehen. Feuer drohte Rache. Aber Odomankoma versprach, er werde die noch verbleibenden Schöpfungstaten sehen können. Am dritten Tag, dem Mittwoch, bat er den Schmied zu schaffen und verwendete Wasser, Erde und wiederum Luft, um Vögel zu erschaffen. Am vierten Tag, dem Donnerstag, schuf er die Säugetiere aus Wasser, Erde, Weisheit und Luft. Am fünften Tag, dem Freitag, erschuf er den Menschen aus Feuer, Wasser, Erde, Weisheit und Luft. Am sechsten

Tag, dem Samstag, unterwies er den Menschen, die erschaffenen Dinge dazu anzuleiten, die Erde zu übernehmen – die Erde, eines seiner Kinder. Am gleichen Samstag gab er den Menschen die Fähigkeit, ihre Umwelt zu beherrschen und zu einer besseren Wohnstatt zu machen. Und dann am Sonntag, dem letzten Tag, rastete Odomankoma und ruhte aus. Die Rache von Feuer zeigt sich darin, daß Dunkelheit herrscht, wenn immer er ärgerlich ist, Sonnenschein bedeutet, daß er sich freut.

In beiden Schöpfungsmythen zeigt sich ein Plan bei der Erschaffung der Welt. Jedes Geschöpf hat seinen Platz und seine besondere Aufgabe im Weltganzen.

Die Schöpfung wird in allen Teilen für gut gehalten, da dem Menschen durch den Schöpfungsakt die Liebe, Fürsorge und Anteilnahme offenbar wird, die der Schöpfer für seine Geschöpfe empfindet. Die Akan haben ein Sprichwort zu dieser Vorstellung von einer Schöpfung voll Güte; sie lassen es den Falken (osansa) verkünden: »Alles, was Gott erschaffen hat, ist gut!« Auch haben sie einen Ausdruck, der die Schöpfung in der Sprache der Trommeln zusammenfaßt: »Odomankoma schuf den Esen, den Ausrufer bei Hofe, dann den Okyerema, den Trommler, und zuletzt Kwawu Kwabrafo, den Tod.«

Der Esen, der Okyerema oder Odomankoma Kyerema, Gottes Trommler genannt, und Kwawu Kwabrafo sind Symbole für verschiedene Stufen des Schöpfungsaktes. Der Esen versinnbildlicht die Ordnung, denn das Ordnungswalten ist seine Pflicht als Ausrufer bei Hofe. Der Okyerema symbolisiert das Wissen, denn er kennt die Geschichte und Überlieferung des Stammes und kann sie auf der Trommel vortragen. Kwawu Kwabrafo ist der Scharfrichter oder der Tod. So gilt für die Akan in der Sprache der Trommeln für den Verlauf der Schöpfung: Zuerst ist Ordnung im Kosmos, dann Wissen und zuletzt der Tod.

Im Schöpfungsmythos verbirgt sich die Erklärung für die Trennung von Schöpfer und Mensch. Nach allgemeinem Glauben lebten Gott und die Menschen vor dieser Trennung in enger Beziehung, etwa gleich der zwischen einem Vater und seinen Kindern. Dann geschah etwas, das diesen Zustand änderte. Wie bereits dargestellt wurde, berichtet eine Version der Trennungsmythen davon, wie Tiere und Menschen vom großen Geist aus der Höhle geworfen wurden, weil sie etwas von der süßduftenden Nahrung genommen hatten. Eine andere Geschichte gibt einen anderen Grund an. Sie erklärt zwar ebenso, daß Gott und die Menschen einst sehr eng beieinander wohn-

Abb. 2 Der Trommler ist das Symbol der Weisheit. Er ist der Vermittler zwischen Toten und Lebenden. Die Sprache der Trommeln kündet von der Ordnung im Kosmos, vom Wissen um die Geheimnisse des Lebens und vom Tod. Deshalb ertönen die Trommeln zu allen Festeszeiten.

ten, so daß die Menschen ihn berühren und fühlen konnten. Dann aber begann eine alte Frau in regelmäßigem Takt ihr »fufu« (gekochte Kassawe, Banane, Yamswurzel oder Cocoyam) mit einem langen Stößel in einem Mörser zu stampfen. Jedesmal wenn sie »fufu« stampfte, traf sie Odomankoma; darauf rückte er weiter und weiter von den Menschen ab und begab sich in den Himmel. Als die Menschen merkten, was geschehen war, suchten sie einen Weg zu finden, um Odomankoma wieder in ihre Mitte zurückzubringen. Die alte Frau schlug vor, sie sollten alle Mörser zusammenlegen und sie aufeinanderstellen, so daß diese eine Leiter bildeten, mit der man ihn erreichen könnte. Schließlich stellten sie fest, daß nun gerade noch ein Mörser fehlte, um die Leiter lang genug zu machen. Da schlug die alte Frau vor, den untersten Mörser hervorzuziehen und ihn obenauf zu stellen. Als sie dies versuchten, brach der ganze Bau in sich zusammen und tötete viele von ihnen.

Nach den Geschichten aus den Akan-Mythen sind menschliches Fehlverhalten oder menschlicher Ungehorsam der Grund für die Trennung zwischen Schöpfer und Mensch, ganz so, wie in der biblischen Geschichte von Adam und Eva im Garten Eden berichtet wird. Sie weisen auch auf eine grundlegende Wahrheit hin, nämlich darauf, daß der Mensch der Religion nicht bedürfte, wenn er in sich selbst vollkommen wäre. Da er dies nicht ist, bedient er sich der Religion, aus Sehnsucht, die ursprüngliche Harmonie und Einheit, die einst zwischen ihm und dem Schöpfer herrschte, wiederherzustellen. Die Afrikaner verleihen diesem ewigen Wunsch, mit dem Schöpfer vereint zu sein, auf ihre Weise Ausdruck: Das zeigt sich in dem Mythos der Akan, wo der Mensch dem Abgrund zu entkommen sucht, indem er Mörser aufeinanderstapelt, um daran emporzuklettern und Ihn zu erreichen.

2. Gott der Großvater

Bevor wir unsere Aufmerksamkeit den *Eigenschaften* Gottes im westafrikanischen Glauben zuwenden, müssen wir zunächst eine grundlegende Vorstellung von Gott als Großvater oder Ahnherr erörtern: Diese Anschauung ist bei den Akan sehr verbreitet. Gott wird als Großvater bezeichnet, weil Großvaterschaft bei den Akan in höchstem Ansehen steht. Daher liegt tiefe Verehrung in dieser Benennung, und sie bedeutet nicht, daß man ihn zu einem Menschenwesen macht.

3. Gott der große Ahne

Auch in einer anderen wesentlichen Hinsicht ist Gott als großer Ahne eine faßbare Wirklichkeit für die Akan. Der Mensch wird als ein Wesen verstanden, das stofflicher und nichtstofflicher Natur ist, wobei letztere ihn unmittelbar mit Gott verbindet, so daß er gewissermaßen einen Teil des Schöpfers innehaben darf.

Nach dem Menschenbild der Akan hat jeder Mensch ein *Okra* (vgl. Kapitel IV), das von *Odomankoma* kommt. Das Okra bindet den Menschen an Odomankoma, wodurch dieser gleichzeitig zum großen Ahnherr oder Großvater wird. Dieses Einssein mit Gott bleibt immer bestehen; selbst die Toten ruhen nach ihrem Abscheiden von der Erde an seinem Busen.

4. Gott der große Häuptling

Ganz abgesehen von der Anschauung der unmittelbaren Verbindung zwischen Gott und Mensch, die den Menschen zu einem Teil des Göttlichen macht, wird diese Vorstellung aus der religiösen bis in die soziale Sphäre hineingetragen. In einer Familie ist der Großvater das Oberhaupt und der oberste Richter; er ist derjenige, dem letztendlich alles zur Entscheidung vorgelegt wird. Deshalb wird ihm große Achtung entgegengebracht. Innerhalb der Stammesgemeinschaft haben Häuptlinge und Älteste diese Rolle inne. Auch ihnen wird große Achtung erwiesen. In gleicher Weise wird schließlich auch Gott *Großvater* genannt, weil er als Häuptling oder oberster Herrscher der gesamten Gemeinschaft angesehen wird und derjenige ist, der in einer Auseinandersetzung das letzte Wort hat. Bei den Aschanti finden sich hervorragende Beispiele für ein Denken, das Gott die Großvaterrolle zuschreibt. Als oberster Herrscher der Welt wird er auch Opumpuni genannt, der *eine* Häuptling, der über allen steht.

Er ist auch Oboadee, der Eine, der alles erschaffen hat. Die Akan sagen auch: »Onyame ne hene«. Das bedeutet: Er ist Einer, der Streit schlichtet und der das letzte Wort hat; und der Name Nyaamanekose bezeichnet ihn als denjenigen, dem du das Leid, das dich betraf, anvertrauen kannst; als Tweduampon ist er der Verläßliche; er leiht den Sorgen und Nöten der Menschen sein Ohr, er entscheidet weise und aus seiner Entscheidung können die Menschen Trost ziehen. Die Redensarten »Se Onyame pe a« = »wenn es Gott gefällt oder wenn Gott will«, und »Onyame ma kwan a« = »wenn Gott es erlaubt« sind Beispiele für die bereitwillige Unterwerfung unter seinen Willen. Als verläßlicher Häuptling ist er der Verteidiger des Menschen, für dessen Schutz er immer sorgt. Außerdem kümmert er sich als Großvater um all seine Nachkommen.

5. Die Eigenschaften Gottes

Für die Aschanti ist Gott seiner Natur nach Geist, ein Wesen ohne feste Form oder Körper. Daher wird er niemals in bildlicher Form dargestellt oder als Bild verehrt. Gott wird auch als verschieden von allen anderen geistigen Wesen und Gottheiten gedacht. Seine Macht übertrifft die ihrige, und er allein hat das Attribut der Allgegenwart. Gott ist in alle Angelegenheiten der Menschen einbezogen. Mit Liebe, Erbarmen und Gerechtigkeit beherrscht und unterhält er das Universum, das er erschuf. Alle diese Vorstellungen von Gott finden ihren Ausdruck in den ihm gegebenen Namen.

Die Akan haben im Grunde alle die gleichen Vorstellungen von Gott, auch wenn sie verschiedenen Stämmen angehören. Sie glauben, daß Gott alle anderen Gottheiten an Macht, Ruhm und Majestät übertrifft.

Er ist ein Wesen von einzigartigem Charakter, dessen Eigenschaften viel zu verfeinert, veredelt und vergeistigt erscheinen, als daß sie dem Gedankengut eines primitiven Volkes entstammen könnten. Mit seiner Allgegenwart, Allwissenheit und Allmacht ist er der weise und unparteiische Richter, der zuweilen dem Gottlosen eine Strafe zumißt und der gewiß alle Menschen dem Gericht der anderen Welt zuführt. Er ist Ampentemamua, Gott der Stille; er ist Adom, der Gnadenreiche, der Wohltäter. Als Erschaffer der Welt trägt er den Namen Oboadee. Auch andere Titel sind bezeichnend: Er ist der Lebende, der Geisteströger, das heißt des Geistes, der den Menschen gegeben wurde. Die Akan glauben, daß Onyame das Leben als solches erzeugt hat und alles, was auf der Erde ist. Er empfindet große Liebe für seine Geschöpfe, und zeigt sein Erbarmen und seine Zuwendung, indem er für alles Notwendige sorgt. Diese Vorstellung von seiner Fürsorge und seinem Erbarmen kommt in Sprichwörtern zum Ausdruck wie: »Aboa a onni dua, Onyame na opra ne ho« = »dem Tier ohne Schwarz vertreibt Gott die Fliegen« und »Onyame na owow abasim fufuu mano« = »den Einarmigen stampft Gott das Fufu«. Auch das folgende Sprichwort teilt solches mit: »Onyame ma wo yare a, oma wo ano aduro«

= »schickt Gott eine Krankheit, so schickt er auch das Heilmittel«. Dieses Wort zeigt, daß Gott zwar Urheber des Elends sein mag, daß er aber dem Opfer die Mittel in die Hand gibt, es zu überwinden und wie jeder andere im Leben zurechtzukommen.

Er ist gut; das zeigt sich in der Tatsache, daß er jedem Geschöpf eine besondere Gabe verliehen hat, und die Aschanti unterstreichen dies, indem sie sagen: »Onyame amma asomfena biribi a, omaa no ahodannan« = »wenn Gott der Schwalbe keine besondere Gabe verliehen hat, so gab er ihr doch pfeilschnelle Wendigkeit«. Das heißt, daß sehr wenige Vögel mit so viel Gewandtheit am Himmel hin und her schnellen wie die Schwalbe – und das ist ein ganz besonderes Geschenk des Schöpfers.

All diese Beinamen bezeugen die Ehrfurcht, mit der Gott bei den Westafrikanern ebenso wie bei den Akan betrachtet wird; sie unterstreichen die Gegenwart Gottes in ihrem Leben als lebendige Wirklichkeit, die in die Welt und in das Leben der Menschen eingreift.

6. *Die Gottesverehrung*

Da es im Akanlande weder Schreine noch Tempel oder Feiertage gibt, die in besonderer Weise Gott geweiht sind, haben viele flüchtige Beobachter daraus den Schluß gezogen, daß Gott dort nicht verehrt wird. Sie haben den Umstand übersehen, daß die Aschanti dies für ihre Gottesverehrung nicht für notwendig erachten. Ihre Erklärung dafür, daß sie Onyame keine Tempel bauen, kann man zu Recht als typisch für die allgemeine Einstellung zum Schrein- und Tempelbau für Gott bezeichnen. Da für sie Onyame überall ist, wäre es töricht, ihn auf einen Tempel einengen zu wollen. Deshalb sagen sie in ihrem Sprichwort: »Wenn du mit Gott sprechen willst, sag es dem Wind.« Gott wird mit dem Wind verglichen, der überall weht. Deshalb kann er unser Flehen jederzeit und überall vernehmen und braucht nicht an irgendeinen bestimmten Gegenstand oder irgendeinen Ort gebunden zu werden.

Selten werden bei den Stämmen der Akan eigens zur Verehrung von Gott Priester und Priesterinnen eingesetzt. Sie glauben, daß kein Priester, keine Priesterin allein Zugang zu Onyame hat oder ihn dahingehend beeinflussen kann, sich menschlichen Wünschen gegenüber günstig zu erweisen, wie das bei den niedrigeren Gottheiten der Fall ist. Jedermann, so glauben sie, hat durch den Besitz des Okra den Zugang zu Gott; der Gedanke dieser einzigartigen Beziehung äußert sich in ihrem Sprichwort: »Keines Mannes Pfad kreuzt eines anderen Mannes Pfad.« Das Fehlen von Priestern oder Priesterinnen für Onyame ist auch zu werten als ein Zeichen der allerhöchsten Verehrung, die die Akan für ihn hegen. Priester oder Priesterinnen können sich bei der Ausübung ihres Priesteramtes irren und dadurch einen Schatten auf den Ruf der Gottheiten fallen lassen, deren Diener sie sind. Das kann für Onyame nicht zutreffen, da er allen Menschen ohne ein Dazwischentreten von Vermittlern zur Verfügung steht.

Opfer für Onyame sind wesentlich seltener und weniger auffallend als die zahllosen Opfer, die den anderen Gottheiten und Ahnengeistern dargebracht werden. Auch dies spiegelt das Gottesverständnis der Akan wider. Gott ist immer gut und tut niemandem ein Leid an. Die anderen Geister jedoch sind in ihrer Haltung Menschen gegenüber nicht beständig. Sie neigen zum Zorn und nehmen es besonders übel, wenn man sie vernachlässigt. Darum müssen die Menschen ihnen Opfer bringen, um die Gefahr göttlichen Zorns von ihrem Haupt abzuwenden. Diese Tatsache macht nochmals den grundlegenden Unterschied zwischen den niedrigeren Gottheiten und Gott selbst deutlich. Für die Akan ist Gott so vollkommen und so sehr sich selbst Genüge, daß er keines Opfers bedarf, das zudem aus Dingen bestehen müßte, die er selbst erschaffen hat. Auch sind Opfer für Onyame deshalb seltener, weil die Menschen nicht wissen, wie man einem so majestätischen Wesen opfert. Deswegen opfern sie vermittelnden geistigen Wesen, denn Gott ist letzter Empfänger aller dargebrachten Opfer, ob die Opfernden dies nun wissen mögen oder nicht.

Verehrung entspringt bei den Akan dem Bewußtsein, daß der Mensch ein Geschöpf Gottes ist und somit von einer Macht abhängig ist, die ihm überlegen ist. Deshalb werden für Gott und die anderen geistigen Wesen aus tiefer Liebe und Treue feierliche Handlungen vollzogen. Diese Riten schließen Gebete und Opfer ein; durch sie erneuern die Akan die Verbindung zwischen der sichtbaren und der unsichtbaren Welt, zwischen Schöpfer und Geschöpfen. Das, so glauben sie, schafft Harmonie nicht nur zwischen Mensch und Gott, sondern auch unter den Menschen.

Von der weitverbreiteten Sitte, Gott keine Tempel oder Schreine zu bauen, gibt es einige bemerkenswerte Ausnahmen. So befindet sich in den Küstengebieten der Fantes ein Altar, der Twiednampon (Gott) geweiht ist. Dieser Altar besteht aus einem Pfeiler, der mindestens 12 Fuß hoch ist und auf dessen gegabelter Spitze ein kegelförmiger Korb ruht. Um den Pfosten herum verläuft eine erhöhte Plattform, der eigentliche Altar, auf dem regelmäßig Opfergaben für Twiednampon ausgelegt werden. Ein weißes Huhn, das man Twiednampon im allgemeinen opfert, ist an der Säulenspitze festgebunden. Hier werden oft Gebete an Twiednampon gerichtet.

Ein weiteres Beispiel eines Schreines, der Gott geweiht ist, haben wir im Onyamedua-Baum (Alstonia boonei) der Aschanti; er ist ein Symbol für ihre Verbindung mit Gott. Der Baum stand entweder in Palästen, Schreinen oder Häusern. Zuweilen wurde auch in deren Eingangsbereich ein Stammstück mit einem gegabelten Ast aufgestellt. Auf diesen Dreifuß legte man etwas Speise für die Ahnen. Ein Topf mit Regenwasser (Nyankonsua = das Wasser Gottes) wurde ebenfalls auf den Baumstumpf gestellt, und mit diesem Wasser segnete man regelmäßig die Hausbewohner oder andere, die einer Segnung bedurften. Auch war es Sitte, daß die Frauen während der Monatsblutung ihren Haushalt verließen; bevor sie dann in

Abb. 3 Auf einem gegabelten Ast, einem Dreifuß, werden im Eingangsbereich des Hauses Speisen und Trank für die Ahnen bereitgestellt.

ihre Häuser zurückkehrten, besprengte das Familienoberhaupt sie mit jenem Regenwasser vom Onyamedua-Baum, um sie zu reinigen und für das Haus wieder »annehmbar« zu machen.

Noch heute dient der Onyamedua-Baum bei den Aschanti als Symbol für die Verbindung mit Gott. Zu den Königsinsignien des Asantehene (des Königs der Aschanti) gehört ein mit Leopardenfell bezogener Onyamedua-Stumpf. Oft trägt ihn ein Diener, der bei der Prozession dicht hinter ihm einherschreitet. Auch dies zeigt die Verbindung mit Gott, nicht nur bei dem Asantehene, sondern auch darüber hinaus bei der ganzen Aschanti-Nation.

Die sogenannten Adinkra-Symbole drücken verschiedene Vorstellungen von Gott und seinen Eigenschaften aus. Sie sind auf Stoffstücke gedruckt und wurden ursprünglich für Bestattungszeremonien verwendet. Heute werden sie zu anderen wichtigen Anlässen getragen, so zum Beispiel, wenn einzelne Menschen in ihrem Inneren eine Leere empfinden und wieder Anschluß finden möchten an ihr eigenes Selbst. Unter den Adinkra-Symbolen gibt es zum Beispiel »Gye Nyame«, das Gottes Allmacht ausdrückt, oder »Onyamedua«, das unsere Abhängigkeit von

Gott betont. »Nyame bribi« ist ein Gebet zu Gott, dem Quell allen Segens. Ein weiteres Symbol: »Nyame bewu na mawu«, oder »Nyame nwu na mawu« bedeutet: »Gott stirbt nicht und ich werde deshalb nicht sterben.« Hier drückt sich der Glaube an Gottes Ewigkeit und die Unsterblichkeit der Seele aus; der Seele, die ein Funke Gottes im Menschen ist. Auf mancherlei Weise nähern die Akan sich ihrem Gott und verehren ihn. Verehrung heißt für sie nicht geistige Unterwerfung unter Regeln, die sich auf ein Wissen um Gott gründen. Im Gegenteil, sie ist Ausdruck ihrer Zugehörigkeit zu einer dem Menschen überlegenen Macht. Sie glauben fest, daß Gott an den Angelegenheiten der Schöpfung beteiligt und interessiert ist. Ihre Gottesverehrung zeugt von der innigen Beziehung, die sie mit Gott verbindet. Gleichzeitig jedoch sehen die Akan Gott als das gänzlich andere und vom Menschen Verschiedene an. Er steht in allem über seiner Schöpfung. Diese Gottesvorstellungen sind tief in allen Lebensbereichen der Akan verwurzelt und bilden die Grundlage ihres Glaubens.

III. Die Ahnen

Die Stämme der Akan glauben im allgemeinen, daß die Verstorbenen nach dem Tode in einen geistigen Zustand ihres Daseins eintreten. So schlägt der Idomankoma Kyerema seine Trommeln:

Die Toten sind niemals entschwunden:
Sie sind da in den dichter werdenden Schatten.
Die Toten sind nicht unter der Erde:
Sie sind im Rauschen des Baumes,
Sie sind im Ächzen des Holzes,
Sie sind im Rinnen des Wassers,
Sie sind im Pfeifen des Windes,
Sie sind in der Hütte, sie sind in der Menge,
Die Toten sind nicht tot.

Die Toten sind niemals entschwunden:
Sie sind in des Weibes Brust,
Sie sind im Jammern des Kindes
Und im flammenden Feuer.

Die Toten sind nicht unter der Erde:

Sie sind im ersterbenden Feuer,
Sie sind im weinenden Gras,
Sie sind im wimmernden Fels,
Sie sind im dunklen Wald,
Sie sind im Haus,
Die Toten sind nicht tot.

Die Toten sind dem Glauben nach zu jeder Zeit allgegenwärtig. Sie leben weiter, aber in einer anderen Daseinsform. Die Realität ihrer Existenz stellt einen der wichtigsten Züge der traditionellen Akan-Religion dar. Die Vorfahren werden immer verehrt und in hoher Achtung gehalten. Sie stehen in der Tat an zweiter Stelle unmittelbar nach Gott, der die höchste Autorität in allen Dingen ist, der alles überragt. Von allen anderen geistigen Wesen mag man übel oder gar gelegentlich spöttisch reden, Gott und die Ahnen aber werden stets mit Ehrfurcht behandelt.

Die Vorfahren, die ehedem in der menschlichen Gesellschaft lebten, weilen im Lande der geistigen Wesen, wenn sie bestimmte Bedingungen erfüllt haben. Eines Menschen Verhalten in dieser Welt und die Art seines Todes bestimmen seinen Eintritt in die Reihe der verehrten Ahnen, die das Rückgrat unserer Stämme bilden. So glauben die Akan beispielsweise, daß man ein nachahmungswürdiges, ein beispielhaftes Leben gelebt haben muß, um Ahne zu werden. Auch muß man ein hohes Alter erreicht und Kinder gehabt haben. Man muß zudem einen guten Tod gestorben sein, das heißt einen Tod, der nicht durch Unfall, Selbstmord oder Gewalt erfolgt ist. Die Aschanti vollziehen keine Bestattungsriten für den Selbstmörder. Er ist »Otofo«, einer, dessen Tod von der Gesellschaft verabscheut wird. Sein Geist ist kein guter Geist. Auch sollte der Tod nicht durch »unreine« Krankheiten wie Wahnsinn, Wassersucht, Lepra oder Epilepsie verursacht sein. Wer kinderlos stirbt, wird nicht als Ahne angesehen. Er ist »kukuba«, einer, der seinen Lebenszweck, die Menschheit fortzupflanzen, nicht erfüllen konnte.

Warum werden die Ahnen so verehrt? Im Einklang mit der Akan-Kultur, in der hohes Alter mit Verehrungswürdigkeit einhergeht, werden die Ahnen respektiert, weil sie unsere Voreltern und Vorgänger waren, die schon den Pfad des Lebens beschritten haben, den wir, die Lebenden, jetzt begehen.

Ihr Fuß steht sowohl in der Welt der Lebenden als auch in der Welt der geistigen Wesen. Deshalb wissen sie mehr als die Lebenden, und daher bezeugt man ihnen hohen Respekt. Weit verbreitet

Abb. 4 Mit dem Trankopfer wird eine Verbindung geschaffen zum Reich des Geistes. Palmwein wird auf die Erde gegossen, um in Zeiten der Not für die Lebenden die Hilfe der geistigen Wesen herbeizurufen.

ist der Glaube, daß die Ahnen in großer Nähe zu Gott leben. Die Aschanti haben die Vorstellung, daß die Ahnen gewissermaßen als Freunde »bei Hof« und damit als Vermittler zwischen Mensch und höchstem Wesen handeln; so können Gebete und Bittgesuche schneller und wirkungsvoller erhört und gewährt werden. Aus diesem Glauben an die enge Beziehung zwischen Gott und Ahnen entstand die besondere Art und Weise der Verständigung mit den Ahnen: das Trank- beziehungsweise Speiseopfer. Durch das Trankopfer werden Gebete an die Ahnen und letztlich an Gott gerichtet.

Das Trankopfer kann zusammen mit Speise und Trank dargebracht werden, denn man glaubt, daß die Ahnen die gleiche Art von Leben weiterleben, das sie geführt haben, als sie noch auf der Erde waren, und daß sie, auch in ihrer nun geistigen Seinsweise, Speise und Trank für ihren Unterhalt benötigen. Deswegen opfern die Menschen ihnen täglich, oder religiöse Würdenträger vollziehen diese Riten für die ganze Gemeinschaft während der Festeszeiten.

Auf verschiedene Arten kann der einzelne Opfer darbringen: So gießt er zum Beispiel etwas Wasser oder ein anderes Getränk auf die Erde, bevor er selbst trinkt, in dem festen Glauben, daß er durch diese Handlung den Ahnen das Wasser oder das Getränk gibt, das sie benötigen. Aus der gleichen Anschauung heraus kann er etwas von seinem Essen für die Ahnen auf den Boden legen. Auch ist es bei den Aschanti nicht unüblich, vor dem Schlafengehen darauf zu achten, daß in den Wasserbehältern genügend Wasser ist, denn man nimmt an, daß die Ahnen des Nachts vorbeikommen, um zu sehen, wie es ihren Enkelkindern geht; sie könnten dann Wasser zum Trinken benötigen. Die Ähnlichkeit zwischen dem Leben jenseits des Grabes und dem Leben auf der Erde ist in den Augen der Akan so groß, daß ein Thronschemelhaus für die Ahnen einen Anbau mit Bad und Kücheneinrichtung hat, der zum Gebrauch der königlichen Vorfahren bereitsteht.

Die Toten schneiden die Verbindung zu ihren Verwandten nicht ab, sondern bleiben weiterhin Mitglieder ihrer vorherigen Familien und erfüllen ihre Verpflichtungen als Voreltern. So werden sie als aktive Familienmitglieder betrachtet. Die Beziehung zwischen Lebenden und Toten ist symbolisch: Beide Gruppen haben zum gegenseitigen Nutzen eine Rolle zu spielen. Die Toten zeigen weiterhin ein reges Interesse an den Angelegenheiten der Lebenden, und die Lebenden haben ihrerseits ihre Pflichten gegenüber den Toten zu erfüllen.

Gott als der erste große Ahne hat beispielhaft den Pfad vorgeschrieben, dem die Generationen zu folgen haben. Alle diejenigen, denen der Status der Ahnenschaft zuerkannt werden kann, stehen an seiner Seite, so wie dies auch unsere Könige und Häuptlinge und deren Vorgänger tun. Sie alle bilden die hierarchische Struktur, an deren Spitze der erste große Ahne steht.

Die Ahnenlehre schließt folgende grundlegende Vorstellungen ein:

a) Sie offenbart einen festen Glauben an den Fortbestand des Lebens nach dem Tode. Die Toten leben weiter und bleiben Mitglieder ihrer Familien, Sippen und Stammesverbände. So können menschliche Verbindungen nicht abreißen, denn selbst der Tod kann die Beziehungen zu den Verwandten nicht lösen.
b) Sie zeigt auch, daß verpflichtende Bindungen – die Grundlage der Gemeinschaft der Akan –, niemals enden; denn sie setzen sich über den Tod hinaus fort. Von den Toten wird erwartet, daß sie die Lebenden schützen und vor Unbill bewahren, und da der Tod nach der Glaubensüberzeugung die Kräfte eines Menschen vermehrt, sind die Toten in der Lage, mehr Hilfe oder Beistand zu gewähren, als dies auf der Erde möglich wäre.

c) Die Ahnenlehre verleiht auch der Akan-Vorstellung von Gemeinschaft einen konkreteren Ausdruck. Mensch zu sein bedeutet für sie: zu einer Gemeinschaft zu gehören und damit an deren Ritualen, Zeremonien und anderen Aktivitäten teilzunehmen. Die Ahnen bilden den übernatürlichen Teil menschlicher Gemeinschaft auf Erden. Daher wird dieser unsichtbare Teil bei keiner gemeinschaftlichen Veranstaltung ausgeschlossen; die Teilnahme der Unsichtbaren wird immer erstrebt. Jedoch stehen jene, die einen schlechten Tod gestorben sind, und diejenigen, die aus verschiedenen anderen Gründen nicht der verehrten Gruppe der Ahnen zugerechnet werden, außerhalb der Gemeinschaft.

d) Die Ahnenlehre läßt auch den festen Glauben an die Wiederkehr der Toten klar erkennen. Wiederverkörperung ist daher eine allgemein anerkannte Tatsache.

e) Zuletzt sei gesagt, daß der Ahnenglaube auch als eine Form der sozialen Kontrolle wirkt, indem er das Verhalten des einzelnen beeinflußt. Die ständige Erinnerung an die guten Taten der Ahnen bilden für die Lebenden einen Ansporn zu gutem Verhalten; der Glaube, daß die Toten diejenigen bestrafen können, die traditionell geheiligte Sitten und Gebräuche verletzen, wirkt als Abschreckungsmittel. Die Ahnenlehre stellt daher einen machtvollen Quell moralischer Impulse dar, denn sie bekräftigt die Werte, auf die sich die Gemeinschaft gründet.

2. Die Ahnenriten, das Adae-Fest und andere Zeremonien

Zeremonien, die auf irgendeine Weise mit Ahnen im Zusammenhang stehen, bilden einen wichtigen Bestandteil der Religion der Akan. Die meisten Feste ranken sich um die regelmäßig wiederkehrende Speisung der Ahnen, deren Wohlbefinden durch diese Rituale erreicht werden soll.

In der Akan-Tradition gibt es sogenannte Thronschemel-Ahnen-Häuptlinge, die einst den Thronschemel innehatten. Die Akan benutzen geschnitzte Schemel nicht nur, um im Haus darauf zu sitzen, sondern betrachten sie auch als Amtssymbole von Königen und Häuptlingen. Ein Thronschemel-Ahne muß auf dem Thronschemel gestorben sein, das heißt, er darf nicht entthront oder aus seinem Amt entfernt worden sein. Er muß auch ein beispielhaftes Leben geführt, die der Gemeinschaft vorgeschriebenen Regeln eingehalten und in seiner Stellung als Häuptling mit dem Urteil der Vorfahren im Einklang gestanden haben. Seine Regentschaft soll auch gekennzeichnet sein von Frieden und Wohlstand für die ganze Gemeinschaft. Wurden diese Bedingungen erfüllt, so wird sein Thronschemel geschwärzt und im Thronschemelhaus als Erinnerung an diesen besonderen Häuptling aufbewahrt. Jeder Akan-Häuptling, der in sein Amt eingesetzt wird, schnitzt seinen eigenen Schemel und benützt ihn als eigenen Thronschemel zeit seines Lebens. Dieser geschnitzte Thronschemel ist gewöhnlich aus dem Holz zweier hochwüchsiger Bäume, Isese (Funtumia africana) oder Onyame dua (Alstonia boonei) gefertigt. Wenn der Häuptling stirbt, wird er gebadet und auf seinen Thronschemel gesetzt, bevor er aufgebahrt wird. Der Thronschemel wird dann bis zur Schwärzung an einem sicheren Ort aufbewahrt.

Die Zeremonie des Thronschemelschwärzens findet im Rahmen der abschließenden Bestattungsfeierlichkeit für den verstorbenen Häuptling statt. Sie wird vollzogen vom Hauptthronschemelträger (nkonwasoafoshene), dem die anderen Thronschemelträger (nokonwasoafos) assistieren. Kein Unbefugter darf der Zeremonie, die normalerweise nachts in einem heiligen Gehölz stattfindet, beiwohnen. Alle anderen geschwärzten Thronschemel der Stadt oder des Landes werden dorthin getragen, damit der neue Thronschemel ihrer Zahl hinzugefügt werden kann. Bei den Aschanti herrscht der Brauch, das Schwärzen des neuen Thronschemels in Anwesenheit des goldenen Thronschemels durchzuführen.

Vor dem Schwärzen wird der Thronschemel gewaschen. In einigen Akan-Gebieten werden zunächst die alten Thronschemel in einem Messingbecken gewaschen, und das gleiche Wasser wird dann benutzt, um den zuletzt hinzugekommenen zu waschen. Auf diese Weise wird der neue Thronschemel vollkommen in die Schar der anderen eingereiht. Nach dem Waschen wird er durch Einreiben mit einer Paste aus Ruß und Eigelb geschwärzt. Später reibt man ihn noch mit Schafblut ein, und ein Stück Tierfett wird auf die Mittelstütze des Thronschemels gelegt. Nach dieser Zeremonie werden alle Thronschemel zum Thronschemelhaus gebracht.

Die Akan glauben, daß die geschwärzten Thronschemel durchdrungen sind von den Geistern der einzelnen Häuptlinge. Daher werden sie als Schreine oder als Heimstatt der Thronschemel-Vorfahren angesehen. Um die geschwärzten

Abb. 5 Der Ahnen-Thronschemel. Während der Inthronisierung eines Königs oder während des »Akwasidae«-Festes wird ein Trankopfer auf dem Ahnen-Thronschemel dargebracht. Durch diese Thronschemel wissen die Aschanti, wie viele Könige regiert haben. Nur würdige Könige, die gut regiert haben, erhalten einen Schemel.

Thronschemel als Zentrum wird das wichtige Adae-Fest der Akan gefeiert. Das Adae-Fest findet innerhalb von 42 Tagen zweimal statt. Dabei fällt eine Adae-Zeremonie auf einen Sonntag (Akwasidae) und die andere auf einen Mittwoch (Wukudae). Beim Adae-Fest wird den Ahnen-Thronschemeln Speise und Trank dargebracht. Der Häuptling ist der Zelebrant, denn er ist derjenige, der sein Volk vor den Ahnen vertritt. Er verdankt seine Autorität dem Umstand, daß er auf dem Ahnen-Thronschemel sitzt. Deshalb vollzieht er die Zeremonie im Namen seines Volkes. Während der Rituale bezeugt er seine Demut vor den Ahnen-Thronschemeln, indem er als Zeichen des Respekts die Schultern entblößt und die Sandalen auszieht.

Das Adae-Fest, das sonntags gehalten wird, ist der bedeutendere Anlaß, denn es wird gewöhnlich als öffentliches Fest gefeiert, obwohl der wichtigste Teil im Schemelhaus stattfindet, zu dem Unbefugte und vor allem das breite Publikum keinen Zugang haben. Der Tag vor dem Fest, »Memeneda Dapaa« genannt, ist im Akan-Kalender sehr wichtig. Es ist ein Tag sorgfältiger Vorbereitung für das Fest, unter Mithilfe aller, die irgend etwas mit dem Akwasidae-Akt zu tun haben. Die sprechenden Trommeln kündigen zunächst die Ereignisse des kommenden Tages dadurch an, daß die zum Trommelbau verwendeten Materialien angesprochen werden. Das geschieht in einem Trommelvorspiel, das »Wecken« genannt wird. Das Holz der Trommel, gewöhnlich von der Zeder stammend, wird folgendermaßen angesprochen:

Holz der Trommel, Tweneboa Akwa,
Holz der Trommel, Twenebos Akwa,
Holz der Trommel, Kodua Tweneduro,
Zedernholz, solltest du entfernt gewesen sein
So rufe ich dich, zu kommen.
Ich lerne noch, laß es gelingen.

Von der Zeder glaubt man traditionsgemäß, daß sie von einem machtvollen Geist bewohnt wird, und die Trommel, die aus ihr gefertigt ist, wird mit dem Geist des Holzes identifiziert; daraus ergibt sich die Anrufung der Trommler, die den Geist des Holzes darum bitten, daß sich die Dinge wie gewünscht entwickeln mögen.

Nach dem Zedernholz werden nacheinander auch die anderen zum Trommelbau verwendeten Materialien aufgerufen. An die Pflöcke, durch die das Trommelfell gespannt wird, wendet sich der Trommler in folgender Weise:

Trommelpflöcke, vom Trommler eingepflockt
Trommelpflöcke, solltet ihr entfernt gewesen sein
Ich rufe euch; sie sagen: Komm!
Ich lerne noch, laß es gelingen.

Die Trommelbespannung wird im allgemeinen aus Elefantenohr geschnitten; aber manchmal wird auch die Haut eines Duykers, »Otwe«, einer Antilopenart, verwendet, wenn ein Elefantenohr nicht zur Verfügung steht. Ist letzteres jedoch der Fall, so reden die Trommeln den Elefanten dergestalt an:

Elefant, Kotomirefi, der Kotoko befreit,
Elefant von Kotoko, der andere Elefanten verschlingt,
Elefant, wenn du entfernt warst,
Ich rufe dich, sie sagen: komm!
Derjenige, der deine Geburt sah,
Begreift doch niemals deine Entstehung.
Derjenige, der von deinem Entstehen wußte,
Sah doch nie, wie du geboren warst.
Elefant, König des Königreichs der Tiere!
Der Elefant, der das Beil schützt,
Der Ungeheuerliche, der der Kugeln nicht achtet.

Elefant, wenn du entfernt warst,
Ich rufe dich, sie sagen: komm!
Ich lerne noch, laß es gelingen.

Nachdem die Geister der Materialien, die bei der Anfertigung der Trommeln verwendet wurden, angerufen sind, wird nun die Mithilfe der Trommler-Ahnen erbeten. Danach rufen die Trommler die berühmten und bedeutenden Thronschemelvorgänger auf und tragen dabei die Geschichte des Staates vor. Hier werden die Memeneda-Dapaa-Vorbereitungen dann abgeschlossen, nachdem in gebührender Weise das kommende Adae-Fest Gott, den Ahnen, den Trommler-Ahnen und den übrigen Gottheiten ebenso wie dem Volk angekündigt wurde.

Ein wichtiger Punkt muß hier hervorgehoben werden: Die Trommler rufen sowohl die Geister der zum Trommelbau verwendeten Materialien als auch die Geister der Trommler-Vorfahren und der Thronschemel-Ahnen an und bitten sie, mit ihnen bei der Feier des Adae zusammenzuarbeiten und es zum Gelingen zu führen. Auch Gott und die anderen Gottheiten rufen sie an. Diese Handlung bestärkt den grundlegenden Glauben der Aschanti, daß die Lebenden die Mithilfe der geistigen Wesen benötigen, um ihre Pflichten erfolgreich zu erfüllen und ihre Riten gebührend zu vollziehen. Nicht nur die geistigen Wesen werden zum Adae gerufen; auch das Volk kommt aus den Dörfern in die Stadt, um sich dem Häuptling anzuschließen und das Fest mit ihm zu feiern.

Früh am Morgen des Adae-Tages betritt der Häuptling in Begleitung seines Ältesten und geführt vom Hauptthronschemelträger das Thronschemelhaus. Der Hauptthronschemelträger klopft vor dem Eintreten an die Tür, der Häuptling und die Ältesten folgen ihm. Als Zeichen der Ehrfurcht ziehen sich alle die Schuhe aus und entblößen die Brust. Der Häuptling, Hauptwürdenträger bei diesem Anlaß, grüßt seine Ahnen: »Nananom, mema mo, akye o!« = »Guten Morgen, Ahnen!« Darauf gießt er ein Trankopfer aus und ruft jeden der Ahnen mit Namen; er beginnt mit dem Ältesten und gibt jedem seinen Trank. Anschließend wird ein Schaf geschlachtet, mit dessen Blut die Ahnen-Thronschemel eingerieben werden. Auf die Mittelstütze jedes Schemels wird ein Stück Fett gelegt. Nun werden von den Thronschemelträgern unter der Aufsicht des Hauptthronschemelträgers Speisen (nsumanuane) zubereitet.

Inzwischen verläßt der Häuptling das Thronschemelhaus und thront vor seinem Volke, um dessen Ehrung entgegenzunehmen. Sind die Speisen fertig zubereitet, kehrt der Häuptling wieder ins Thronschemelhaus zurück, um sie den Ahnen-Geistern darzubringen. Bevor er die Speisen auf den Tisch vor den Thronschemeln niederlegt, gibt er den Ahnen-Geistern Wasser für die Händewaschung und wäscht auch seine eigenen Hände. Dann kostet er die Speisen und gibt einiges davon den Anwesenden, den Rest opfert er den Ahnen-Geistern.

Diese regelmäßig wiederkehrende Speisung der Ahnen in den Thronschemeln gibt den Thronschemeln Leben und hält im Herzen des Volkes die Erinnerung an die bedeutenden Häuptlinge wach, deren edle Taten als Vorbild für nachfolgende Häuptlinge dienen sollen. Auch berechnen die Ahnen mit Hilfe der Adae-Feier ihren Kalender: neun Adae-Feiern runden das Jahr.

Andere Akan-Feste, die sich besonders auf die Ahnen beziehen, sind das Eguadoto-Fest und das Ahobaa-Fest der Fante. Wie das Adae-Fest ist auch das Eguadoto ein Anlaß für die Häuptlinge, den Thronschemeln ihrer Vorfahren Speise und Trank darzubringen, begleitet von Gebeten und Bitten um Anhörung und Wohlergehen für sie selbst und für die gesamte Gemeinschaft.

Das Ahobaa-Fest hat zwei Aspekte. Das Ahobaa

Kakraba, Ende Mai oder Anfang Juni gefeiert, ist ein Totengedenkfest. Von Trauer ist es gekennzeichnet, vom Ausgießen des Trankopfers auf die Familienschreine. Auch werden Bittgebete um Wohlstand und Wachstum der Familie gesprochen. Ahobaa Kese ist ein Fest, bei dem um gute Ernte für die Yamswurzel und andere Nahrungspflanzen gebeten wird. Auch ist es die Gelegenheit, den Ahnen und den Geistwesen für den gewährten Schutz im vergangenen Jahr zu danken.

Aus dieser Darstellung wird deutlich, daß die Vorfahren in der überlieferten Akan-Religion eine wesentliche Rolle spielen. Trotz ihrer Unsichtbarkeit verfügen sie über gleichviel Macht wie die Lebenden. Als Ältere und Vorangegangene überschauen sie den Fortgang der Gemeinschaft und haben die Macht, die Lebenden für Pflichtversäumnisse gegenüber den Ahnen zu bestrafen sowie die Lebenden zu belohnen, wenn sie sich den Erwartungen entsprechend verhalten. Zur Aufrechterhaltung der Harmonie in der Gemeinschaft der Lebenden und der Toten und um eine ordnungsgemäße Beziehung zu den Verstorbenen zu bewahren, gibt es bei den Akan-Stämmen viele Gemeinschaften, deren Hauptaufgabe darin besteht, die Riten und Zeremonien zu beobachten, die das Bindeglied zu den Toten bilden.

Auf diese Weise bewahren sie den Zusammenhalt in der Stammesgemeinschaft und zeigen sich in ihrem sozialen Wert. Einige der erwähnten Gemeinschaften üben ihren Einfluß auch bei der Inthronisation oder Absetzung von Häuptlingen und Königen aus; sie dienen auch als Hüter der öffentlichen Moral und haben die Macht, unerwünschte Elemente zu entfernen, deren Tätigkeiten die Ahnen beleidigen und Unheil über die ganze Gemeinschaft bringen könnten.

Als Vorangegangene haben die Ahnen ein lebhaftes Interesse an dem, was ihre lebenden Verwandten mit dem ihnen anvertrauten Erbe tun. Es herrscht allgemein der Glaube, daß die Gesetze und Sitten der Gesellschaft durch die Ahnen auf uns kommen, daß diese Wächter darüber bleiben und diejenigen bestrafen, die jene mißachten. Dieser Glaube an die Macht der Vorfahren, die das Verhalten ihrer Verwandten ständig beobachten, um die Strauchelnden zu bestrafen, trägt dazu bei, das Verhalten vieler Akan zu ordnen. Viele Krankheiten und Schicksalsschläge betrachtet man als von den Vorfahren auferlegte Strafen, und manchmal werden sogar Todesfälle als Vorladung aufgefaßt, um den betreffenden Menschen vor den Ahnen erscheinen und ein Fehlverhalten erklären zu lassen. Die Ahnen handeln hier als mächtige Kraft für das moralische Verhalten ihrer Stämme.

Ein Gebiet, auf dem die Macht der Vorfahren klar zutage tritt, betrifft das Land. Die Akan glauben, daß das Land, auf dem sie leben, den Ahnen gehört, die es den Lebenden vermacht haben. Diese sind daher nur Treuhänder und dürfen das Land nicht einfach verkaufen oder so damit verfahren, als ob es ihnen gehörte. Die Lebenden dürfen anderen das Land zu landwirtschaftlichem Gebrauch überlassen; in diesem Fall gehört der Ertrag dem Anbauer. Letztendlich muß das Land jedoch den Besitzern zurückgegeben werden. Wenn anderen erlaubt wird, das Land zu bewirtschaften, so üben die Treuhänder lediglich ihr Recht aus, das Land zu nutzen. Sie besitzen es jedoch nicht. Diese Einstellung dem Land gegenüber hat Neuansiedler und selbst Regierungen davon abgehalten, bei den Aschanti viel Land zu erwerben.

Könige und Häuptlinge, die als Vertreter ihres Volkes vor den Ahnen handeln und die Verbindung zwischen den Lebenden und den Toten bilden, haben damit eine religiöse Funktion zu bekleiden. In Gebieten, wo die Häuptlinge den Thronschemel innehaben, leiten sie ihre Autorität von der Tatsache ab, daß sie »auf den Thronschemeln der Ahnen sitzen«. Die Häuptlinge haben daher sowohl politische als auch religiöse Autorität.

In einer sehr wichtigen Hinsicht helfen die Vorfahren, Familien- und Sippensolidarität zu bewahren und zu stärken. Bei den alljährlichen Adae-Festen steht das Volk einig hinter dem Häuptling und vollzieht die Riten für die Ahnen. Die Autorität des Häuptlings wird damit gestärkt, und der Bund zwischen Häuptling und Volk wird erneuert. Gewöhnlich kommen beim Adae-Fest die Leute von ihren Dörfern in die Stadt, um das Fest zu feiern. Das ist auch die Zeit, Streit zu schlichten und wichtige Staatsangelegenheiten zu besprechen. Auch ist es die Zeit, in der heiratswillige junge Männer erste Annäherungsversuche machen oder um die Hand eines Mädchens anhalten. Nach dem Vollzug der Riten, der Ahnenspeisung und -ehrung, gehen die Leute ihren eigenen Angelegenheiten nach und schlichten jeden Rechtsstreit, der die Harmonie der Gemeinschaft stören könnte.

Die Ahnen waren Menschen, die sich auf dem Gebiet der Moral ausgezeichnet haben. Deshalb erweist man ihnen großen Respekt und stellt sie den Lebenden als Vorbild hin, dem es nachzueifern gilt. Sie dienen als Ansporn zu richtigem

Verhalten. Die Lebenden ehren sie ihrerseits, indem sie ihnen Trankopfer darbringen und ihre Kinder nach ihnen benennen.

Ob diese Praktiken als Ahnenkult bezeichnet werden können, soll nun untersucht werden, denn diese Haltung den Ahnen gegenüber ist schon viel diskutiert worden. Die Bezeichnung *Ahnenkult* wurde von Forschern geprägt, die in diesem Begriff eine angemessene Bezeichnung für die Religion in Westafrika fanden. Schon hat sich dies natürlich als falsch erwiesen, da man nicht nur einen Aspekt der Tradition heranziehen kann, um die westafrikanische Religion als solche zu beschreiben.

Das Wort Verehrung bezeichnet Respekt gegenüber einer Person höheren Standes; es bedeutet: eine ehrwürdige Haltung gegenüber Gott, im Dienste Gottes stehen, ihn als göttlich anbeten. Sicherlich schließt die Einstellung der Akan gegenüber den Ahnen oben genannte Elemente ein; aber um den Begriff Ahnenkult präziser zu erfassen, muß man die gesamte Breite der Glaubensvorstellungen und religiösen Praktiken im Akan-Land miteinbeziehen. Die Ahnen werden nicht in der Weise verehrt, wie die Akan Gott verehren. Sie sind nicht die letzte Autorität in allen Dingen noch legt man ihnen die gleichen Attribute bei wie dem Schöpfer. Sie werden verehrt und geachtet, nicht als Gottheiten, sondern als geistige Wesen, als Voreltern und Vorangegangene, die den Pfad gegangen sind, den nun die Lebenden gehen, als Geistwesen, die dem Schöpfer nahestehen, und als Wesen, die ihm sehr nahe sind. Das ist der Geist, aus dem heraus die Akan ihre Ahnen betrachten, die einen wesentlichen Teil ihrer Gemeinschaft bilden und deren unablässige Teilnahme an dem Tun und Treiben ihrer Nachfahren die unauflösliche Einheit zwischen den Lebenden und Toten deutlich zeigt.

IV. Das Menschenbild

In Westafrika wird der Mensch als ein Geschöpf betrachtet, in dem sich Materielles und Geistiges vereinigt. Mit anderen Worten: Der Mensch hat einen greifbaren Körper und einen nicht greifbaren Geist. Der Körper ist der Teil, der zerfällt, wenn der Mensch stirbt; aber der Geist lebt weiter und verbindet sich mit dem Schöpfer. Diese zwei Bereiche des Menschen werden von den verschiedenen westafrikanischen Völkern noch weiter aufgegliedert in eine Vielfalt von materiellen und geistigen Einheiten, aber abgesehen davon ist bei all diesen Völkern das Wissen um die Einheit der menschlichen Persönlichkeit tief verankert.

Zwischen dem Körper und dem Geist muß völlige Harmonie bestehen, denn die Akan leben in dem Glauben, daß jeder dieser beiden Teile seine Auswirkung auf den anderen hat, zumal wenn einer geschädigt ist. So gilt im Krankheitsfall beispielsweise die Aufmerksamkeit nicht ausschließlich den physischen Erscheinungen, sondern ebenso den geistigen Ursachen, da gute Gesundheit und Wohlbefinden nur erreicht werden können, wenn für Körper und Geist Sorge getragen wird. Bei den Akan und gewiß überall in Westafrika gibt es grundlegende Auffassungen über die menschliche Persönlichkeit, auf die sich gewisse wichtige Rituale und soziale Einrichtungen gründen.

Eine wesentliche Idee vom Menschsein sieht die wahre Menschennatur erst durch die Beziehung zu anderen Menschen erstehen, und diese Beziehung umgreift nicht nur die Lebenden, sondern auch die abgeschiedenen Seelen. Die Zugehörigkeit zur Gemeinschaft bedeutet gleichzeitig, in den Glauben, in die Zeremonien und Rituale dieser Menschengruppe mit eingeschlossen zu sein. Dieser gemeinsame Glaube steigert den Wert des Zusammenseins und bildet die Grundlage des westafrikanischen Menschenbildes. Dieses Bild wird durch zwei Sprichwörter der Aschanti deutlich gemacht: »Ein Mensch ist Mensch um der anderen willen« und »Leben heißt Zusammensein, allein bist du ein Tier«. »Baanu so a emmia.« Das Gefühl, welches sich in diesen beiden Sprichwörtern ausdrückt, wird von den anderen Stämmen der Akan in gleicher Weise empfunden.

Die Akan glauben, daß der Mensch erschien, weil Gott ihn erschuf. Der Mensch ist nicht das

Ergebnis eines Evolutionsvorganges, der ihn von einer niedrigeren Lebensstufe zu einer höheren führte. Die Religion beherrscht das ganze Leben der Akan, und deshalb ist ihr Menschenbild tief religiös. Der Mensch wird aus der Sicht seiner Beziehung zu den Göttern betrachtet. Sein gegenwärtiges Leben und sein Schicksal im künftigen Leben werden in den Kreis der religiösen Vorstellungen eingebracht.

Im traditionellen Menschenbild der Akan besteht der Mensch aus Okra, Sunsum, Ntoro und Mogya. Von diesen Wesensgliedern ist Okra von ganz besonderer Bedeutung. Es ist der unsterbliche Anteil des Menschen, der vom Schöpfer selbst vergeben wird, bevor der Mensch in die Welt geboren wird. Es ist der göttliche Teil in jedem Menschen, der ihn erst zu einem menschlichen Wesen macht. Löst er sich wieder vom Körper, bedeutet dies den Tod. Das Okra lebt jedoch nach dieser Trennung weiter. Das Weiterleben des Okra findet in dem Grundsatz der Aschanti Ausdruck: »Onyame nwu na mawu« oder »Onyame bewu na mawu«, »Onyame (Gott) stirbt nicht, daher werde ich nicht sterben«, oder »Wenn Onyame stirbt, werde ich auch sterben, doch da Onyame nicht stirbt, werde ich auch nicht sterben.«

Die Akan glauben, daß das Okra von Onyame entlassen wird, um in die Welt zu treten, wobei es eine Aufgabe oder Nkrabea mit sich führt, die vorherbestimmt und unabänderlich ist. Daher ist Okra der Träger des Schicksals und des Willens. Das Erkennen dieses Schicksals auf Erden wird Obra oder Abrabo genannt.

Das Okra ist einzigartig für den Menschen; die Tiere besitzen es nicht. Doch ist ihnen, wie auch einigen Pflanzen, etwas Geistiges gegeben, das die Akan mit Sasa bezeichnen und das der Mensch, wie sie glauben, beherrschen kann.

Jedes Okra bekommt einen Kradin; das ist ein Name, der dem Kind gegeben wird, je nach dem Wochentag, an welchem es geboren wurde. Diese Namen wurden im Englischen irrtümlich ›day-names‹, Tagesnamen, genannt, doch bezeichnen sie in Wirklichkeit die Namen der Akra (Mehrzahl von Okra), die an einem bestimmten Tag geboren wurden. Es gibt sieben Namen für jedes Geschlecht, gemäß den sieben Tagen der Woche.

Zusätzlich zu dem Kradin empfängt jedes Kind einen charakteristischen Geist, der in Verbindung steht mit dem Geist jener Gottheit, die dem Glauben gemäß am Tage der Geburt wirkt.

Tag		männl. Namen	weibl. Namen
Sonntag	Kwasiada	Akwasi	Akosua
Montag	Dwoada	Kwadwo	Adwoa
Dienstag	Benada	Kwabena	Abenaa
Mittwoch	Wukuada	Kwaku	Akua
Donnerstag	Yawoada	Yaw	Yaa
Freitag	Fiada	Kofi	Afua
Samstag	Memeneda	Kwame	Amma

Zum Beispiel wird ein Kind, das an einem Donnerstag geboren ist, für kampflustig angesehen und hat deshalb den Namen Preko oder Barima, der Mutige. Ein Kind, das an einem Freitag geboren wurde, wird Okyini, der Wanderer, genannt, und der Name eines Kindes, das an einem Samstag geboren wurde, ist Odomfo, der den Frieden Liebende, und so fort.

Für die Akan ist Okra nicht allein die Seele eines Menschen. Es scheint zugleich ein Schutzgeist zu sein, der den Menschen behütet und ihn im guten wie im schlechten Sinne berät. In dieser Funktion ist das Okra eine von den Menschen abgetrennte Einheit, die auch in der Führung und dem Schutz ihm gegenüber versagen kann. Daher rührt auch die Redewendung: »Ne kra apa n'akyi« = »Sein Okra hat versagt, ihn zu führen«, oder, »seine Seelc hat ihn vernachlässigt.« Das Okra kann seinen Eigentümer auch angesichts einer Gefahr zeitweise verlassen. Dies wird in dem Sprichwort ausgedrückt: »Ne kra adwane« = »Sein Okra ist von ihm geflohen, es ließ ihn blaß vor Angst zurück.« Wenn das Okra einen Menschen schützt und ihn gut berät und damit bewirkt, daß seine Unternehmungen Erfolg haben, kann es ein Gegenstand der Verehrung werden; Dank und Opfer werden ihm wie einer Gottheit oder einem Geist in einem Ritual dargebracht, das Akradwares genannt wird.

Beim Tode schließlich verläßt das Okra allmählich den Leib, bis der Mensch seinen letzten Atemzug getan hat. Innerhalb von drei Tagen nach dem Tod ist das Okra noch in der Nähe, und es kann von hellsichtigen Menschen zurückgerufen werden. Auf diese Weise suchen sie Auskünfte über den Verstorbenen zu erhalten. Nachdem es endgültig aus dem Körper ausgetreten ist, kehrt das Okra dem Glauben gemäß zu Gott zurück, um Rechenschaft über sein Erdendasein abzulegen. Es kann ihm dann gestattet werden, wieder zur Erde zurückzukehren oder im Himmel zu bleiben.

Das zweite Wesensglied des Menschen ist das Sunsum, ein immaterieller Wesensbestandteil, der verantwortlich ist für den Charakter (Suban), die Veranlagung und die Intelligenz eines Menschen. Im Gegensatz zum Okra, das immer gleichbleibend und unveränderlich ist, besitzt das Sunsum die Möglichkeit zur Veränderung, da es ausgebildet werden kann von einem Zustand der »Schwäche« (»ne sunsum ye hare« = »sein Sunsum ist schwach«) zu einem Zustand der »Stärke« (»ne sunsum ye duru« = »sein Sunsum ist stark« oder in anderen Worten: »er ist mutig, kraftvoll oder tapfer«). Ein weiterer Unterschied zwischen dem Okra und dem Sunsum besteht darin, daß ersteres im Menschen bleibt und nicht in Erscheinung tritt, während letzteres sich deutlich im Erscheinungsbild des Menschen und in seinen charakteristischen Eigenschaften widerspiegelt, besonders in seiner moralischen Natur.

Das Sunsum soll den Körper während des Schlafes verlassen können. Man glaubt auch, daß es das dramatis personae in den Träumen ist und daß es den Bereich des Menschen bildet, der offen ist für Angriffe durch Magie (Zauberei). Auf der anderen Seite ist ein starkes Sunsum das wirksamste Mittel gegen magische Einflüsse. Das findet in dem Sprichwort der Akan Ausdruck: »Wo sunsum ye duru a, obayifos ntumi wo«. Dies bedeutet wörtlich übersetzt: »Wenn du ein starkes Sunsum hast, kann dich die Zauberin (Hexe) nicht heimsuchen oder angreifen« – mit anderen Worten, eine starke Persönlichkeit ist der beste Schutz gegen Zauberei.

Für die Akan kann im Sunsum auch die übersinnliche Ursache für Krankheit liegen, ganz abgesehen von den physischen Ursachen, die sie ebenso anerkennen. Ein schwaches Sunsum kann nicht nur von Zauberei heimgesucht werden, die zu Krankheit führt, sondern es kann auch von den schlechten Gedanken eines Menschen überwältigt werden, wodurch dieser krank wird. Aus dieser Anschauung rührt die enge Verbindung zwischen Religion und praktischer Medizin.

Deshalb gehen gewöhnlich der traditionellen Behandlung von Krankheit und Leiden auch Geständnisse voraus, denn sie werden als eine Möglichkeit angesehen, das belastete Sunsum zu erleichtern. Das ist aber noch nicht alles. Die Akan haben innerhalb ihrer Gesellschaft bestimmte Einrichtungen geschaffen, die diesem Glauben Rechnung tragen. Eine davon ist das Apo-Fest, das in einigen Gegenden des Akan-Landes, wie Aschanti und Brong Ahafo, gefeiert wird. Während dieses Festes hat jeder im Bewußtsein, daß alle Menschen ein Sunsum haben, welches verletzt, mißhandelt werden oder erkranken kann, und somit auch den Körper krank machen kann.

Obwohl es noch andere Ursachen wie beispielsweise Zauberei gibt, wird Krankheit sehr oft durch böse Gedanken und den Haß verursacht, den Menschen gegeneinander hegen. Auch du wirst vielleicht Haß gegen jemanden empfinden, weil er dir etwas angetan hat, und das kann ebenso die Ursache dafür sein, daß dein Sunsum zermürbt wird und erkrankt. Unsere Vorfahren wußten von dieser Möglichkeit und legten einmal im Jahr eine Zeit fest, in der jeder Mensch – Mann, Frau, freier Mensch und Sklave – die Freiheit haben sollten, gerade das auszusprechen, was in seinen Gedanken lebte, und somit dem Nachbarn all das zu sagen, was über sie und ihre Handlungsweisen gedacht wurde, und dies nicht nur gegenüber den Nachbarn, sondern auch gegenüber dem König und dem Häuptling. Wenn ein Mensch in dieser Weise über alles gesprochen hat, so wird er sein Sunsum gelassen und ruhig empfinden, und das Sunsum des Menschen, gegen den er sich ausgesprochen hat, wird auch ruhig werden.

Nicht nur der einzelne Mensch hat ein Sunsum. Auch Familien, die eine Gemeinschaft bilden, oftmals Stamm oder Nation genannt, können ihr Sunsum haben. Die Nation der Aschanti hat zum Beispiel ein Sunsum, das dem Glauben gemäß in dem Sika Dwa, dem goldenen Stuhl, verwahrt ist. Okomfo Anokye brachte diesen Stuhl von den Himmeln herab, zu der Zeit, da König Osei Tutu regierte, der Begründer der Aschanti. Aus diesem Grunde wird der goldene Stuhl hochverehrt und streng bewacht, da die ganze Nation betrifft, was auch immer im guten oder schlechten Sinne mit ihm geschieht.

Das dritte Wesensglied des Menschen ist nach der Anschauung der Akan das Ntoro, das im Gegensatz zum Okra und zum Sunsum vererbbar ist. Das Ntoro wird vom Vater an seine Kinder weitergegeben und ist mitverantwortlich für deren ererbte Besonderheiten. Das Ntoro des Vaters handelt für das Kind, bevor dieses die Pubertät erreicht; nach der Pubertät tritt das eigene Ntoro des Kindes an dessen Stelle und gewinnt großen Einfluß. Das Ntoro des Vaters hört jedoch nicht völlig auf, seine Wirkung auf das Kind auszuüben. Der Glaube an das Ntoro trägt dazu bei, ein geistiges Band zwischen einem Vater und seinem Kind zu schaffen, das ein Ausgleich ist für die Beziehung zwischen dem Kind und seiner Mutter.

Die Akan gliedern sich aufgrund ihres Ntoro in zwölf patri-lineale Gruppen. Die Gruppen sind Bosompra, Bosommuru, Bosomtwe, Bosom-Dwerebe, Bosomakom, Bosomafi, Bosomafram,

Bosom-Konsi, Bosomsika, Bosompo, Bosomayesy und Bosomkrete. Jedes Ntoro ist gekennzeichnet durch besondere Charakterzüge, welche allen Mitgliedern dieses Ntoro eigen sind. Die Menschen mit dem Bosomtwe Ntoro sind zum Beispiel sehr mitfühlend, die mit dem Bosompra Ntoro zeichnen sich durch Widerstandsfähigkeit aus und solche mit einem Bosommuru Ntoro sind hervorragend und edel.

Jedem Ntoro kommt ein besonderer Wochentag zu, und jedes ist mit einer Reihe von Totems und Tabus verbunden. Zum Beispiel ist der Dienstag der Tag derjenigen mit einem Bosompo Ntoro; ihr Totem ist der Wasserbüffel und ihr Tabu ist das Essen von Hunde- und Schildkrötenfleisch. Die Mitglieder eines Ntoro grüßen einander in der gleichen Weise.

Das Ntoro ist häufig mit Gewässern verbunden, mit Flüssen, Seen, ja sogar mit dem Meer. Es gibt auch besondere Namen für die verschiedenen Ntoro-Gruppen. Die Menschen mit einem Bosomafram Ntoro werden zum Beispiel gewöhnlich Afram, Peasa, Dame, Amponsa, Awua und Anokye genannt; typische Namen für diejenigen mit einem Bosompra Ntoro sind Agyeman, Abyeampon, Amoako, Asare, Boaten, Boakye, Okyere, Kwakye.

Mogya oder das Blut wird von den Akan als das vierte Wesensglied des Menschen bezeichnet. Das Mogya wird von der Mutter an ihr Kind weitergegeben, wodurch eine seelische Verbindung zwischen beiden hergestellt und zugleich die Grundlage geschaffen wird für die Abusua, die Sippe, auch Nton genannt. Das von der Mutter erhaltene Mogya gibt dem Kind seine Stellung und die Mitgliedschaft innerhalb der Familie und der Sippe. Gleichzeitig wird damit auf die Verpflichtung des Kindes hingewiesen, die es eingeht als Bürger einer matrilinealen Gemeinschaft, wie derjenigen der Akan.

Jeder Akan gehört zu einer Sippe und ist durch die Blutsverwandtschaft, genannt Abusua, an diese gebunden. Alle Mitglieder des gleichen Abusua sind von Rechts wegen Brüder und müssen sich als solche anerkennen, auch wenn sie vielleicht in verschiedenen Gruppen zerstreut sind. Durch den Glauben, daß alle Stammesmitglieder von einem einzigen männlichen oder weiblichen Vorfahren abstammen, werden die Mitglieder einer Sippe als Verwandte angesehen, Brüder, Schwestern, Mütter, Väter usw. Daher dürfen sie einander nicht heiraten, unabhängig vom Grad der Verwandtschaft oder der räumlichen Entfernung, die sie trennt.

In der Tradition der Akan gab es ursprünglich sieben Sippen (Abusua), und die Fante unter den Akan haben diese Anzahl beibehalten. Unter den Akanstämmen – Aschanti, Akuapem, Brongs, Akim – gibt es jedoch heute acht Hauptgruppen, obwohl die Namen in gewissen Gegenden verschieden sein können. Die acht wichtigsten Sippen der Akan sind hier aufgeführt mit ihren zusätzlichen Unterabteilungen in Klammern:

1. Oyoko (Dako)
2. Bretuo (Tena)
3. Aduana (Abrode)
4. Asakyiri (Amoakaade)
5. Asenee (Adonten)
6. Agona (Toa)
7. Asona (Dwumira, Dwum)
8. Ekoona (Asokore)

Nach Ansicht der Akan entsteht ein menschliches Wesen, wenn das Ntoro des Vaters mit dem Mogya der Mutter zur Zeit der Empfängnis zusammenwirkt. Beim Tode geht das Mogya des Menschen hinab zur Mutter Erde; und das Okra kehrt zum Schöpfer zurück. Die verschiedenen Wesensglieder des Menschen – Okra, Sunsum, Ntoro und Mogya – bilden jedoch keine geteilte

Persönlichkeit. Sie wirken vielmehr zusammen und tragen alle zu einer einheitlichen Pesönlichkeit in jedem einzelnen Menschen bei. Die Besonderheit des Menschenbildes der Akan liegt in der Tatsache, daß für sie die geistigen Faktoren die materiellen überwiegen.

V. Das Schicksal des Menschen

Unter den Akan herrscht die Überzeugung, daß der Mensch ein unabänderliches, von Gott gegebenes Schicksal hat. Dieser Glaube bringt einerseits die Allmacht Gottes sehr sprechend zum Ausdruck; andererseits erkennt er die dem Menschen von der göttlichen Vorsehung gesetzten Grenzen an.

Die Akan nennen das menschliche Schicksal Nkrabea. Dieses Wort ist zusammengesetzt aus dem Verb kra = »sich verabschieden« und bea = »die Art und Weise, etwas zu tun«. Nkrabea bedeutet daher die Art, wie sich die Seele von Onyame verabschiedet, bevor sie auf die Erde herabsteigt. Mit anderen Worten bedeutet Nkrabea »Schicksal«, »zugeteiltes Los«, »endgültiges Los« oder »Todesart« – es ist von vornherein bestimmt und bleibt unverändert.

Diese Idee äußert sich in den Sprichwörtern: »Nkrabea mu nni kwatibea« = »das Schicksal, das dir Gott zugeteilt hat, kannst du nicht ändern«, und »Nea Onyame abyehye no, odasami ntumi nnan ani« = »Gottes Plan ist zur Ausführung gekommen, ein lebender Mensch kann ihn nicht ändern«. Die Akan erkennen in der folgenden Redewendung auch an, daß Gott allein über das menschliche Schicksal bestimmen und es beenden kann, wenn und wann er will: »Se Onyame nkum wo a, wonwu« = »wenn Gott dich nicht töten will, so kann es auch kein Mensch, und wenn Gott deinen Tod nicht ankündigt, dann stirbst du nicht«. Die Akan nennen die Verwirklichung dieses Schicksals auf Erden *Leben* (obra oder abrabo).

Über die Art und Weise, wie Nkrabea, das Schicksal, von Gott empfangen wird, gibt es zweierlei Vorstellungen. Die eine besagt, daß das Okra eines Menschen vor Onyame erscheint und sein Schicksal von ihm empfängt. In diesem Sinne wird Nkrabea oft als Hyzbea bezeichnet, was wörtlich übersetzt bedeutet: die Art und Weise, wie das Schicksal eines Menschen bestimmt wurde. Die andere Darstellung besagt, daß das Okra vor Onyame erscheint und von ihm verabschiedet wird, um auf diese Welt zu kommen. Dabei wird ihm sein Schicksal mitgeteilt und was es zu tun hat, während es auf der Erde ist. Die von Gott erhaltene Zuweisung ist bindend. Beide Versionen erkennen die Macht Gottes über das menschliche Schicksal an.

Obwohl das menschliche Schicksal unabänderlich sein soll, scheint es doch in der Lebenspraxis nicht so zu sein, denn es kann von verschiedenen Faktoren zum Guten oder zum Bösen hin beeinflußt werden.

Der Mensch kann eine Gottheit um die Erhaltung oder Verlängerung eines guten Schicksals, oder um die Wendung eines schlechten bitten. Böse Kräfte wie die Zauberei oder andere dämonische Mächte können dem Schicksal eines Menschen schaden und ein unter anderen Umständen erfolgreiches und glückliches Leben zunichte machen. Aber auch eigene, aus Unbesonnenheit oder impulsivem Verhalten heraus begangene Taten können das Schicksal eines Menschen zum Schlimmen wenden, und ein schlechter Charakter wird als verantwortlich dafür angesehen.

Der Rat eines Älteren kann ebenfalls das Schicksal eines Menschen beeinflussen, da die Älteren nach allgemeiner Ansicht einen großen Schatz an Weisheit in sich tragen. Das Sprichwort: »Opanyin ano sen suman« = »die Worte eines Alten sind mächtiger als ein Amulett«, betont, daß es weiser ist, den Rat eines alten Menschen zu suchen, um eine Wende des Schicksals zu erreichen, als zu versuchen, dieses Ziel mit Zaubermitteln zu erreichen.

So kann das Schicksal von zwei Seiten aus betrachtet werden: einerseits ist es unabänderlich, doch auf der anderen Seite handeln die Menschen in dem Glauben, daß es unter bestimmten Bedingungen gemildert oder verändert werden kann. Dieses Paradoxon verrät, daß die Akan die Grenzen des menschlichen Verstandes erkennen, denn was einem Menschen auch immer geschieht, es kann in keiner Weise mit Endgültigkeit erklärt werden: es kann sein Schicksal dahinterstehen, es kann das Wirken böser Mächte sein, oder etwas, das er selbst über sich verhängt hat.

Die Tatsache, daß die Akan Wege suchen, um ein unglückliches Schicksal zu wenden und ein glückliches zu erhalten, deutet darauf hin, daß sie trotz ihres Schicksalsbegriffes keine fatalistische Lebensanschauung haben. Die Erfüllung eines glücklichen Schicksals sehen sie nicht als etwas an, das ohne eigenes Zutun geschieht, es ist vielmehr auch abhängig vom aktiven Mitwirken des einzelnen Menschen. Daher ist ein edler Charakter hilfreich, um ein gutes Schicksal zu bewirken, während ein schlechter zu dessen Zerstörung führen kann. Auch wenn ein Mensch um den Beistand einer Gottheit nachsucht, um sein Schicksal zu beeinflussen, so muß er doch durch das Darbringen von Opfern und das Annehmen der gegebenen Ratschläge noch das Seinige dazu beitragen.

Dieser Schicksalsbegriff hilft den Akan, das menschliche Geschick und manche rätselhafte Lebenssituation zu verstehen. Doch bedeutet dies keinesfalls, daß sie persönliche Verantwortung von sich weisen. Mein Vater pflegte zu sagen, daß es nur die unerklärlichen, in die Gewohnheit eingegangenen Wesenszüge eines Menschen sind, dem Guten oder Bösen gegenüber, die durch Berufung auf das Schicksal erklärt werden können. Das Schicksal ist kein Schattenwurf in die Zukunft; es wird nur dann aufberufen, wenn eine Erklärung für das schon Geschehene verlangt wird. Der Schicksalsbegriff läßt auch deutlich werden, daß der Mensch nicht die letzten Antworten und nicht die endgültige Herrschaft oder Macht über sein eigenes Schicksal hat. Er ist ein abhängiges Wesen mit begrenzter Macht im Angesicht Gottes, in dessen Hände höchste Vollmacht, Allmacht und Allwissenheit gelegt sind.

VI. Der Lebenslauf

Mein Vater erwiderte einst auf eine Frage von einigen älteren Männern, die zu ihm gekommen waren, um über gewisse Aspekte der traditionellen Religion der Akan etwas zu erfahren, daß die Religion dem Menschen vor seiner Geburt vorangeht, ihn durch alle Lebensstufen begleitet und ihm sogar nach seinem physischen Abschied aus der Welt folgt. Im Kreislauf des Lebens gibt es die Stadien der Geburt, der Pubertät, der Heirat, des Todes und der Wiedergeburt. Der Mensch entwickelt sich von einem Stadium seines Daseins zum nächsten und bleibt in keinem stehen. Das Leben ist gezeichnet von Bewegung. Das Kind entwickelt sich als ein passives Mitglied der Gemeinschaft bis zur Pubertät oder frühen Jugendzeit, wo es dann durch Einführungsriten in das Erwachsenendasein geleitet wird. Dann folgen die Heirat, die Fortpflanzung, das Alter und schließlich der Tod, welcher den Menschen in das Land der geistigen Wesen einführt. Um sicher zu sein, daß sich kein Bruch zwischen den verschiedenen Stadien ereignet und daß die Übergänge reibungslos verlaufen, werden vielgestaltige religiöse Rituale durchgeführt.

1. Die Geburt

Die Geburt ist der Beginn des Lebenszyklus, der unter den Stämmen der Akan mit angemessenen Zeremonien gefeiert wird, um die Bedeutung dieses Augenblicks hervorzuheben. Wir werden uns nun mit den Riten befassen, welche die Stämme der Akan im Zusammenhang mit der Geburt vollziehen.

Bei ihnen ist es Brauch, neugeborene Kinder sieben Tage lang verborgen zu halten, um sie dann am achten Tag herauszubringen und ihnen während der Zeremonie des »Herausführens« die Namen zu geben. Die Fantes glauben, daß ein Kind während dieser Zeit sieben Gefahren ausgesetzt ist. Wenn es diese Wartezeit überlebt, so wird es für würdig befunden, ein Mensch genannt zu werden. Die Aschanti, die ein neugeborenes Kind als einen Ohohoo, einen Besucher, betrachten, warten eine Woche lang, ob der Besucher zurückkehren – also sterben –, oder ob er bleiben wird. Hat er die ersten sieben Tage überlebt, ist das ein

Zeichen, daß er gekommen ist, um zu bleiben, und so bekommt er einen Namen und wird zu einem Mitglied der Familie und der Gesellschaft. Die Zeremonie findet in den frühen Morgenstunden gegen sechs Uhr vor den Verwandten und Gratulanten statt.

Das Ritual, das zur Namengebung vollzogen wird, nennen die Akan Abadinto, was wörtlich übersetzt »dem Kind einen Namen geben« bedeutet. Es wird von einem Menschen aus der väterlichen Familie abgehalten, der über moralische Stärke verfügt. Das Kind erhält den Namen von der Familie seines Vaters. Für die Zeremonie werden zwei Gefäße vorbereitet, das eine ist mit Wasser, das andere mit Palmwein gefüllt. Der Zelebrant spendet das Trankopfer und fragt anschließend den Vater oder dessen Stellvertreter nach dem Namen, der dem Kind gegeben werden soll. Dann nimmt er das Kind auf den Schoß, ruft dessen Namen aus und taucht seinen rechten Zeigefinger in das Wasser, um die Zunge des Kindes dreimal damit zu benetzen. Dabei sagt er: »... wuse nsuo a, na nsuo«, das bedeutet: »Wenn du sagst, es ist Wasser, so laß es Wasser sein, was du schmeckst.« Nun taucht er seinen rechten Zeigefinger in den Palmwein, um das Kind davon kosten zu lassen und sagt: »... wuse nsa a na nsa«, was bedeutet: »Wenn du sagst, es ist Palmwein, so laß es Palmwein sein, was du schmeckst.« Er fügt hinzu: »... wuse tuntum a, na tuntum! Wuse fitaa a, na fitaa« = »wenn du sagst, es ist schwarz, laß es schwarz sein, was du siehst, und wenn du sagst, es ist weiß, laß es weiß sein, was du siehst«. Mit anderen Worten wird dem Kind hier aufgetragen, daß es stets wahrheitsliebend sein soll.

Auf diese Weise ist die Gelegenheit, dem Kind einen Namen zu geben, für die Akan auch der Anlaß, ihm erste moralische Unterweisungen zu erteilen. Dies zeigt deutlich, in welchem Umfang moralische Aufrichtigkeit als eine grundlegende Voraussetzung für die Mitgliedschaft in der Familie und in der Gesellschaft angesehen wird und in welchem Ausmaße der Mensch als ein vornehmlich moralisches Wesen im Denken der Akan betrachtet wird. Bemerkenswert ist auch, daß die moralische Unterweisung unmittelbar an das Kind als eine Persönlichkeit gerichtet wird.

Die Akan betrachten Zwillinge (nta oder ntafos) als ganz besondere Kinder, und in alten Tagen wurden sie bald nach ihrer Geburt in einem Messingbecken dem König vorgeführt. Männliche Zwillinge wurden später am königlichen Hof zu »Elefantenschwanzfächlern«. Die Elefantenschwanzfächler sind diejenigen Menschen am Königshof, die dem König die Fliegen vertreiben; es gibt sie auch heute noch. Diese Arbeit darf nur von Mitgliedern einer bestimmten Sippe, den »Asono«, deren Totem der Elefant ist, ausgeführt werden. Der König ist ebenso mächtig wie der Elefant, und das einzige Tier, dessen Schwanz zum Fächeln des Königs verwendet wird, ist deshalb der Elefant. Es bedarf auch einer ganz besonderen Geschicklichkeit, dem König zu fächeln. Weibliche Zwillinge wurden möglicherweise Frauen des Königs.

Die Akan betrachten den Freitag als geheiligten Tag für die Zwillinge, und so wird auch die Abamo-Zeremonie, die für sie abgehalten wird, am Freitag vollzogen. Das Abamo bezieht sich in erster Linie auf die Perlenkette, die um das Handgelenk eines jeden Zwillings gebunden ist. Diese Kette besteht aus einer roten und einer gelben Perle sowie aus Kaurimuscheln. Abamo bezieht sich auch auf das rituelle Bad, das den Zwillingen periodisch bereitet wird. Dem Bad werden rote und gelbe Perlen, Kaurimuscheln, Goldstaub, weißer Ton (hyire) und »adwera« (Lonchocarpus cyanescens, ein Kletterstrauch aus der Familie der Schmetterlingsblütler, aus dem der blaue Farbstoff Indigo gewonnen wird) zugesetzt. All dies befindet sich in einem weiten Flaschenkürbis mit

Deckel (apakyi). Vor jeder neuen Ernte müssen die Zwillinge in dem Abamo baden.

Die Abamo-Zeremonie ist nicht nur Zwillingen vorbehalten. Für das dritte, siebte, neunte und elfte Kind einer Familie kann ebenfalls die Abamo-Zeremonie vollzogen werden. Bei den Akan wird das Kind, welches nach Zwillingen geboren ist, Tawiah genannt, während die nächsten drei Kinder jeweils Nyankomago, Atuakosan und Damusaa genannt werden.

2. Die Pubertätsriten

Die Geburtsriten sollen dazu beitragen, aus einem Kind einen sozialen und in der Gemeinschaft wirkenden Menschen zu machen. Wenn einem Kind ein Name gegeben wird, so wird es als ein vollwertiges Mitglied der Gemeinschaft anerkannt. Selbst wenn es zunächst noch nicht aktiv ist, so ist es doch im Keim ein verantwortliches und tatkräftiges Mitglied, und die Gemeinschaft fährt mit der Erziehung fort, die es zur Erlangung seines Lebenszieles benötigt.

Der nächste bedeutsame Schritt im Leben des Kindes ist die Pubertät oder das frühe Erwachsenenalter, und die Einführungsriten, die in diesem

Stadium abgehalten werden, setzen fort, was in den Geburtsriten veranlagt wurde, um den Jugendlichen zu einer Persönlichkeit heranzubilden, die fähig ist, die Pflichten eines vollwertigen Mitgliedes der Gesellschaft zu erfüllen. Die Einführungsriten beinhalten das Ideal der Mannhaftigkeit und der Fraulichkeit, die die Gesellschaft den jungen Erwachsenen, die sich diesen Riten unterziehen, nahebringen will.

Bei den Akan sind die Pubertätsriten für Mädchen besonders festlich. Sie bedeuten die Absonderung der jungen Frau für einige Zeit, während der ihr bestimmte Unterweisungen gegeben und Erfahrungen vermittelt werden, die ihr helfen sollen, mit ihren körperlichen, emotionalen und seelischen Veränderungen fertigzuwerden. Die anschließende Rückkehr nach Hause gleicht einer Wiedergeburt in ein anderes Lebensstadium, da sie nun in das Erwachsenensein hineintritt.

Die Frauen nehmen bei den Akan eine so hohe Stellung ein, daß die Einführungszeremonien für die ganze Gemeinschaft von Bedeutung sind. Große Sorgfalt wird auf diese Riten verwendet. Wenn ein Mädchen das Alter von 15 Jahren erreicht hat, wird es von seiner Mutter aufmerksam beobachtet, bis es ihr von seiner ersten Menstruation berichtet. Da die älteren Frauen aus Erfahrung wissen, daß diese Vorgänge bei jungen Mädchen normalerweise von Scheu begleitet sind, werden sie ihre Schützlinge besonders zartfühlend behandeln und ihnen von der Wohltat erzählen, die damit verbunden ist, wenn die ganze Gemeinschaft von dieser Situation weiß. Die ältere Frau wird ihr aber auch die Gefahren schildern, in die sie und ihr ganzes Hauswesen geraten, wenn die Initiation (Einführung) nicht vor einer Empfängnis angekündigt wurde.

Am Tage, an dem ein Mädchen zum ersten Mal sein Blut sieht, berichtet es seiner Mutter davon, und diese geht schnell zum Haus der Königinmutter, um die glückliche Lage ihrer Tochter anzukündigen. Sie bittet die Königinmutter darum, die frohe Botschaft von Haus zu Haus tragen zu dürfen. Das Mädchen wird auf Veranlassung der Königinmutter zu deren Palast gebracht und von einer Kundigen betrachtet. Diese braucht das Mädchen nur anzusehen, um zu sagen, ob es rein ist oder nicht. Wenn der Königinmutter berichtet worden ist, daß das Mädchen rein und nicht schwanger ist, wird die Erlaubnis für die Bekanntgabe von Haus zu Haus erteilt. Die Mutter des Mädchens kündigt die Initiation (Einführung) ihrer Tochter dreimal im ganzen Dorf an, und zwar morgens, mittags und abends. Dies geschieht, um

Abb. 6 Die Mutter des einzuführenden Mädchens geht früh am Morgen, das »Gong Gong« schlagend, von Haus zu Haus, um dem ganzen Dorf anzuzeigen, daß ihre Tochter das Pubertätsalter erreicht hat.

sicherzugehen, daß jedermann im Dorf die Neuigkeit erfährt. Von diesem Tag an bleibt das Mädchen im Palast bis zum Ende der gesamten Initiationsperiode, um in all den Dingen unterrichtet zu werden, die es als Frau wissen muß.

Am zweiten Tag geht die Mutter der jungen Einzuführenden mit einem Gong-Gong von Haus zu Haus, um das »Heranwachsen« ihrer Tochter anzukündigen. Sie teilt damit dem ganzen Dorf mit, daß ihre Tochter glaubwürdig geblieben ist, sich selbst gegenüber, der Familie, der ganzen Gemeinschaft und den Ahnen gegenüber, indem sie ihre Jungfräulichkeit nicht vor der Initiation preisgab. Außerdem wird damit das ganze Dorf auf die kommende Einführungszeremonie aufmerksam gemacht, die jedermann angeht.

Wenn das Dorf die Nachricht empfangen hat, wird das Mädchen zum Baden an den Dorffluß gebracht. Dies geschicht sehr früh am Morgen zwischen 5 und 6 Uhr, noch bevor irgend jemand Wasser geholt hat. Am Fluß wird sie rasiert. Alle Haare, Haupthaar und Schamhaare, werden abrasiert. Danach wird das Mädchen gebeten, in die Mitte des Flusses zu gehen. Dort taucht sie dreimal unter, und jedesmal sagt die Einführende: »Wir waschen deine kindlichen Anschauungen fort, laß alles kindliche Verhalten auf dem Grund des Flusses liegen. Stehe auf als Frau!« Nach dem Bad kommt das Mädchen aus dem Wasser heraus, wird mit Shea-Butter* eingerieben und anschließend bekleidet. Sobald sich die Gruppe von Menschen bereit macht, nach Hause zu gehen, wirft das Mädchen die gebündelten Haare in den Fluß. Damit hat sie ihren kindlichen Status abgelegt, und die nächsten Haare wachsen ihr als Frau. Nachdem sie die Tage ihrer Kindheit fortgeworfen hat, blickt sie nicht mehr zurück, bis sie das Haus erreicht hat.

Am vierten Tag kommen die Priesterinnen des Dorfes, um Gebete für die junge Frau zu sprechen. Sie erbitten langes Leben, Fruchtbarkeit (Zwillinge sind ein Segen), da Unfruchtbarkeit einen Fluch bedeutet, ferner Gehorsamkeit, Dienstbarkeit in der Gemeinschaft und Tugendhaftigkeit.

Am nächsten Tag werden Frauen eingeladen, die ein tiefgehendes Wissen von der Erziehung einer Frau haben, um der jungen Frau Unterweisungen für den Haushalt zu geben.

Sie erfährt, wie die Schmerzen bei der Geburt zu ertragen sind, von der Kunst zu kochen, zu

* Shea-Butter wird aus den Früchten eines bestimmten afrikanischen Baumes hergestellt.

Abb. 7 Das Essen für das einzuführende Mädchen wird von der ältesten Frau und anderen Frauen aus der Gemeinschaft zubereitet. Dies deutet darauf hin, daß die ganze Gemeinschaft in die Zeremonie eingeschlossen ist.

waschen, zu essen, wie Besucher empfangen werden, wird in der Kinderpflege unterwiesen und wie sie zu ihrem Mann und zu anderen Frauen zu sprechen hat. Kurz gesagt, sie wird unterrichtet, eine gute Ehefrau zu sein.

Dann kommt der Höhepunkt der Zeremonie. Am sechsten Tag bereitet die Älteste der Einführenden eine zerstoßene Yams-Wurzel vor und schlägt in Gegenwart der Königinmutter und einiger anderer älterer Menschen einige Eier darin auf und berührt damit die Lippen des Mädchens. Die Frau vollzieht dies dreimal, und bei jeder Berührung speit das Mädchen das Ei aus. Beim vierten Mal gibt die Frau dem Mädchen ein ganzes gekochtes Ei, welches das Mädchen schlucken muß. Falls sie das Ei zerbeißt, bedeutet dies, daß sie nun auch »das fruchtbare Ei für die Entbindung« zerbrochen und damit ihre Fruchtbarkeit zerstört hat; sie wird nicht gebären können. In Wirklichkeit schluckt sie nicht das ganze Ei hinunter, zerkleinert es auch nicht mit den Zähnen, sondern zerdrückt es vielmehr am Gaumen. Wenn sie drei Eier »schlucken« konnte, wird sie den Rest der Mahlzeit mit Kindern teilen, die sich im Palast der Königinmutter befinden und die sehr hungrig sind. Die junge Frau ißt mit den kleinen

Kindern zusammen, um damit zu zeigen, daß sie dies auch mit ihren eigenen tun wird, selbst wenn diese schmutzig sind.

Am siebten Tag wird die Eingeführte nur halb bekleidet auf einem weißen Stuhl auf den öffentlichen Versammlungsplatz gesetzt. An diesem Tag empfängt sie Geschenke von ihren Eltern, Freunden und Gratulanten. Sie ist auf eine Weise gekleidet, die die Menschen erkennen läßt, ob sie schwanger ist oder nicht, und die klarlegt, daß sie nicht mißgebildet ist. Dieses Sitzen dauert bis sechs Uhr am Abend.

Der letzte Tag ist von Freude und Danksagung erfüllt. Die Eingeführte, die nun ganz wie eine Frau gekleidet ist, geht, von Mutter und Schwestern begleitet, von Haus zu Haus, um den Einwohnern für ihre Gebete und ihren Beistand zu danken. Am Nachmittag wird getrommelt und getanzt, und die junge Frau wird eingeladen, ihre Tanzkenntnisse zu zeigen, die sie von ihren Lehrern während der Einführung erhalten hat. Am Abend nach dem Fest verläßt das nun vollständig eingeführte »Mädchen« den Palast der Königinmutter, um zu ihren Familienmitgliedern nach Hause zurückzukehren. Von dieser Zeit an ist sie eine Frau, und jeder Mann kann um ihre Hand anhalten.

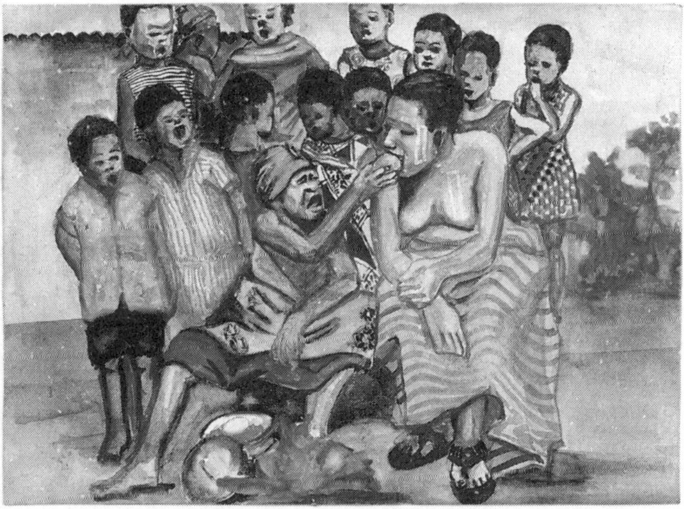

Abb. 8 Das einzuführende Mädchen nimmt ein ganzes Ei von der alten, weisen Frau entgegen. Sie darf das Ei nicht zerbeißen, um die eigene Fruchtbarkeit nicht zu zerstören.

Abb. 9 Gegen Ende der Einführungszeremonie wird das Mädchen auf einen weißen Stuhl gesetzt, um nun die Geschenke von den Gratulanten entgegenzunehmen. Dies ist der Höhepunkt der Pubertätsriten.

Die Einführungszeremonie der Knaben ist kurz. Im Alter von 14 Jahren versammeln sich die Buben, die eingeführt werden sollen, auf einem Acker. Jeder von ihnen muß nun mit einer Hacke, deren Griff aus dem Holz eines Baumes mit recht weichem Holz gefertigt ist (Alstonia boonei) 50 Pflanzhügel von Yamswurzeln zustande bringen. Wenn diese Arbeit beendet ist, muß der Stiel der Hacke am Griff dünner geworden sein. Ist dies nicht der Fall, so bedeutet das, daß dieser Junge nicht genügend kräftige Muskeln bekommen hat, um seine Familie mit Yams zu ernähren.

Am zweiten Tag findet das Bambus-Klettern statt. Wenn ein Junge nicht in der Lage ist, bis zu einer bestimmten Höhe zu klettern, so hat er nicht genügend kräftige Muskeln entwickelt.

Am dritten Tag werden alle Buben zu einem brennenden Feuer gebracht. Unter der Anweisung von recht kräftigen Männern springen die Jungen über das brennende Feuer; stürzt einer von ihnen in das Feuer, wird er schnell herausgezogen.

Jeder Junge, der zwei dieser drei Aufgaben gut bewältigen konnte, hat mit Erfolg bestanden. Ihm wird dann das Initiationshemd überreicht, auf dem sein Initiationsrang in Farben deutlich dargestellt ist.

In unseren Tagen ist der letzte Teil, das Springen über das Feuer, nur noch selten Bestandteil der Initiation. Sein Zweck war nämlich, den Einführenden zu zeigen, daß der junge Mann beim Ausbruch von Feuer seine Familie durch Flammen hindurch retten kann. Feuer brach in den alten Tagen häufig aus, da die Wohnhäuser Esre-Dächer (mit den Blättern der Raphia-Palme gedeckt) besaßen, die sehr leicht Feuer fingen. Doch gibt es heute nicht mehr viele mit Raphia gedeckte Häuser.

3. Die Heirat

Für die Afrikaner und insbesondere für die Akan steht die Heirat im Mittelpunkt ihres Daseins. Es ist der Zeitpunkt, zu dem sich alle Mitglieder einer besonderen Gemeinschaft treffen, die Toten, die Lebenden und diejenigen, die noch geboren werden. Es ist ein Drama, in dem jeder zu einem aktiven Darsteller wird und nicht lediglich Zuschauer ist. Unter normalen Umständen eine Heirat zu unterlassen, bedeutet, daß der betroffene Mensch die Gemeinschaft von sich weist und diese ihn in gleicher Weise zurückweist.

Die Ehe ist eine bedeutsame Lebensstufe, so daß sorgfältige Vorbereitungen in Form der Pubertätsriten getroffen werden, bevor die jungen Leute in sie eintreten. In den Pubertätsriten werden die jungen Menschen in Fragen des Geschlechtslebens, der Heirat, des Familienlebens und der Verantwortung als Erwachsene unterwiesen.

Die Pubertätsriten bereiten die jungen Leute nicht allein auf die Heirat vor, sondern auch auf die Fortpflanzung, da in der Tradition der Akan Ehe und Fortpflanzung untrennbar miteinander verbunden sind. Das Ziel der Ehe ist Fortpflanzung, und ohne diese ist sie unvollständig. Durch das Zeugen von Nachkommen kann das bedrohliche Aussterben verhindert werden, was nicht nur bei den Akan, sondern von allen afrikanischen Völkern als ein schreckliches Unglück angesehen wird. Es ist in der Tat eine religiöse Pflicht des Menschen, Nachkommen zu zeugen, damit das Bestehen der Menschheit gesichert bleibt. Um zu zeigen, daß Fortpflanzung in sich und aus sich heraus einen tiefen Wert hat, sagen die Aschanti: »Awoo ye« = »Fortpflanzung ist eine Tugend«. Es wird kein Dankopfer beendet, ohne die Bitte an die Gottheit und an die Ahnen zu richten, daß die Gebärfähigen weitere Kinder bekommen mögen. Die Fantes sagen in diesem Zusammenhang: »Awufo mpo pe won dodow, na mene ateasefo« = »sogar die Toten wünschen, daß sich ihre Anzahl vergrößert, wieviel mehr die Lebenden?«

Keine Kinder zu bekommen, wird als das größte Unglück bei den Stämmen der Akan angesehen. Unfruchtbarkeit, Sterilität oder der ledige Stand sind Bedrohungen für das Bestehen der Menschen und werden daher von allen Akan-Stämmen mißbilligt. Dieses Unglück ist so schwerwiegend, daß kinderlose Menschen nach ihrem Tod keine Ahnen werden können. Eine unfruchtbare Frau wird Obonin genannt und ein steriler Mann Okrawa. In alten Zeiten trieben die Akan kinderlosen Menschen Dornen in die Fußsohlen, wenn diese gestorben waren, um ihre Abscheu gegenüber diesem Zustand zum Ausdruck zu bringen und um seinem Auftreten vorzubeugen. Diese Maßnahme sollte die Verstorbenen davon abhalten, in die Gemeinschaft durch Wiedergeburt zurückzukehren. Vor dem Begräbnis wurden sie ersucht, nicht mehr in diesem Zustand zurückzukehren.

Deshalb werden Kinder bei den Akan sehr hochgeschätzt. Dies drückt sich in den zahlreichen Sprichwörtern und den Namen aus, die einem Kind gegeben werden. Zwei damit in Zusammenhang stehende Sprichwörter sind: »Da ist kein

Wohlstand, wo es keine Kinder gibt« und »Nichts ist so schmerzlich, wie wenn ein Mann stirbt, ohne ein Kind zu hinterlassen.«

Die Hochzeit ist bei den Stämmen der Akan eine Angelegenheit der gesamten Gemeinschaft, da es sich nicht um die Vereinigung von zwei einzelnen Menschen handelt, sondern vielmehr um die Vereinigung zweier Familien, wobei die beiden Menschen die Verbindungsglieder in der Kette bilden. Nicht einmal durch den Tod kann diese Verbindung beendet werden.

Da die Heirat als Vereinigung zweier Familien verstanden wird, kann die Entscheidung zur Heirat nicht den beiden betroffenen Menschen völlig überlassen werden. Für die Akan ist die Ehe keine Einrichtung, in der man sein Glück versuchen und sich unter Umständen wieder zurückziehen kann. Ein Sprichwort drückt die Einstellung zur Ehe aus: »Awaree ne kwanware. Ente se nsa fufuo na yeaka nede ohwe« = »es ist ein langer Weg, es ist nicht wie beim Palmwein, den jeder versuchen muß, bevor er oder sie ihn kauft.« Aus diesem Glauben heraus spielen die Familien beider Seiten eine wichtige Rolle bei den Heiratsverhandlungen und bei der letzten Entscheidung und unterstützen somit das Paar. Es werden Erkundigungen eingezogen über die Geschichte der jeweils anderen Familie, um sich davon zu überzeugen, daß der beabsichtigten Verbindung nichts im Wege steht. Besondere Aufmerksamkeit wird dabei solchen Vorkommnissen gewidmet wie Mord, unreinen Krankheiten wie Lepra und anderen Faktoren, die Unheil über die Gemeinschaft bringen könnten. Wenn keine solchen unerwünschten Tatsachen gefunden wurden, kann das Paar seine Verbindung weiterpflegen und die Verhandlungen können demgemäß beginnen.

Die Tatsache, daß die Familien in den Heiratsprozeß mit einbezogen sind, darf nicht als Behinderung für die beiden Menschen angesehen werden, die sich lieben und die darum besorgt sind, ihre Verbindung zu festigen. Auf der anderen Seite zeigt sich darin die allgemeine Auffassung der Akan, daß sich der Mensch in der Gemeinschaft mit anderen verwirklicht. Da die Heirat eine Möglichkeit ist, die Familie und die Verwandtschaft zu erweitern, ist es nur recht, daß alle Betroffenen um Rat gefragt werden und daß diese gegebenenfalls von einer Verbindung abraten, in der unerwünschte oder schädliche Umstände eine Rolle spielen. Die Ehe wird als eine permanente Verbindung angesehen, und dies ist ein weiterer Grund, weshalb die ganze Familie mit einbezogen ist.

Der Brauch, der Familie des Mädchens ein Geschenk zu machen, ist vielfach mißverstanden und falsch gedeutet worden. Das Geschenk, welches »Brautvermögen« oder »Brautpreis« genannt wird, soll ein Ausdruck der Dankbarkeit gegenüber den Eltern und der Familie des Mädchens sein, weil diese für das Mädchen gesorgt haben und ihm jetzt erlauben, die Frau des Sohnes zu werden. Im Heim des Mädchens tritt das Geschenk an seine Stelle und erinnert die Familie daran, daß es fortgehen wird oder schon fortgegangen ist, aber nicht tot ist. Die junge Frau ist ein wertvoller Mensch, nicht nur für ihre Familie, sondern auch für die Familie ihres Mannes. Dieser Brauch ist das schönste Symbol für die Einvernehmlichkeit der Familien und die Festigkeit der Ehe.

Die Frau wird daher nicht als Hab und Gut des Ehemannes betrachtet, der für sie bezahlt hat; vielmehr erhöht die Zahlung des Brautpreises ihren Wert als Mensch und Frau.

Die Hochzeitsgebräuche der Akan zeigen viele Abwandlungen, doch gibt es einen grundlegenden Ablauf, der eingehalten werden muß. Ein junger Mann der Akan, der ein bestimmtes Mädchen heiraten möchte, muß seinem Vater diese Absicht durch die Mutter oder einen anderen älteren Menschen anzeigen. Wenn die Verbindung von vornherein als nicht wünschenswert für die Familie angesehen wird, so ist es nicht notwendig, den Vater davon in Kenntnis zu setzen. Er kann jedoch trotzdem gefragt werden, ob er die beabsichtigte Eheschließung gutheißen würde oder nicht.

Wenn die Eltern die Nachricht erhalten haben, so erkundigen sie sich nach der Familiengeschichte des Mädchens. Auf diese Weise überzeugen sie sich davon, daß der Verbindung nichts im Wege steht. Sie bringen in Erfahrung, ob es erbliche Krankheiten oder kriminelle Handlungen in der Familie gibt und ob sie einen guten Ruf hat, so daß die Verbindung keine Schande oder andere unerwünschte Folgen für die Familie nach sich zieht.

Sind die Eltern des jungen Mannes davon überzeugt, daß die Verbindung wünschenswert ist, so bringt der Vater die Nachricht zu den Eltern des Mädchens, die nun ihrerseits Erkundigungen einziehen. Als nächstes zeigt der Vater des jungen Mannes an, daß sich beide Familien einig sind.

Dann wird der Tag vereinbart, an dem die Hochzeitsfeierlichkeiten beginnen sollen. Der Vater des jungen Mannes führt zunächst die Zeremonie des »An-die-Türe-Klopfens« durch, welche »Aponakyib« oder »Aboboomubo« genannt wird. Damit wird die formelle Verlobung vollzogen. Der Vater stellt Getränke wie Rum und Whisky für die Familie des Mädchens zur Verfügung und schenkt dem Vater des Mädchens eine Flasche Rum. Der Mutter des Mädchens wird ein Geldgeschenk übergeben, welches dem Brauch gemäß auf eine Summe von umgerechnet etwa 4,– DM festgelegt ist. Das hängt jedoch ganz von den Möglichkeiten des Mannes ab. Ein ähnliches Geschenk kann auch den übrigen Frauen in der Familie der Mutter des Mädchens gegeben werden, wie auch Bargeldgeschenke für deren Brüder und Vettern.

Nach der Verlobung kann sich das Paar zusammen sehen lassen, doch wird von ihnen erwartet, daß sie ihre Beziehung noch nicht zu eng gestalten. Wenn das junge Mädchen zu dieser Zeit schwanger wird, so wird der junge Mann mit einer Geldstrafe belegt, da er das Mädchen noch vor Abhaltung der gebräuchlichen Riten in diesen Zustand gebracht hat. Nachdem die Geldstrafe, die »kwaseabuo sika« genannt wird, von dem jungen Mann bezahlt wurde, wird von ihm erwartet, daß er während der Schwangerschaft für das Mädchen sorgt, bis sie das Kind zur Welt bringt. Erst danach wird entschieden, ob das Paar heiraten soll oder nicht. Wenn die Heirat nicht zustande kommt, da die betroffenen Familien nicht einverstanden sind, so wird von dem jungen Mann die Zahlung einer bestimmten Geldsumme an das Mädchen erwartet, die »akwangya sika« genannt wird. Wird dagegen die Hochzeit gebilligt, so wird die Zeremonie vollzogen, die den legalen Ehestatus der Akan verleiht.

Das Tiri aseda oder das Tiri nsa bildet einen Teil der Zeremonie, durch die ein Paar in den gesetzlichen Ehestand eingebunden wird. Mit dem Tiri aseda, das mit dem »Brautvermögen« bei anderen afrikanischen Stämmen verglichen werden kann, macht der Vater des jungen Mannes dem Mädchen ein Geschenk, um ihm seine Wertschätzung zu zeigen. Das Tiri nsa, ein Gefäß mit Palmwein, das nicht zu schwer ist, um von einem Menschen auf dem Kopf getragen zu werden, symbolisiert die Tatsache, daß hier um den »Kopf« beziehungsweise die Hand nur *eines* Menschen, nämlich des Mädchens, angehalten wird. Je nach seinem Vermögen macht der Vater des jungen Mannes nun neben einer Flasche Schnaps ein ähnliches Geschenk wie bei der Zeremonie des »An-die-Türe-Klopfens«. In alten Zeiten wurde eine Bestätigungszahlung von 80 Pesewas dazugefügt. Das Tiri nsa und das Geld können im Falle einer Scheidung zurückgezahlt werden.

Nach dem Tiri nsa setzt der junge Mann einen

Zeitpunkt fest, zu dem er seine Frau abholen wird. An diesem Tag gehen seine Tanten mütterlicherseits zu dem Haus des Mädchens, das sich schon für ihren Mann vorbereitet hat. Bevor sie die Braut mitnehmen können, müssen die Frauen eine Schnapsflasche überreichen und eine dem Brauch nach festgelegte Gebühr, »akontagye« genannt, an die Brüder und Vettern des Mädchens bezahlen.

An diesem Tag wird ein Festessen veranstaltet, und es herrscht viel Fröhlichkeit. Gewöhnlich bereitet die Braut das Hochzeitsessen, bekannt als »aduane kese«, und schickt es zu dem Haus des Bräutigams, um ihn, seine Verwandten und Freunde damit zu erfreuen.

Die Zeremonie der Eheschließung, wie sie hier beschrieben wurde, bildet den Kern der traditionellen Auffassung und des traditionellen Verlaufes der Hochzeit bei den akansprechenden Stämmen von Ghana. Obwohl neue Formen der Eheschließung, wie etwa die Hochzeit in der Kirche und im Standesamt, eingeführt wurden, werden diese gewöhnlich zuerst durch das traditionelle Verfahren besiegelt. Bevor eine Hochzeit in der Kirche vollzogen wird, ist die herkömmliche Feier beendet, und damit ist die Ehe nach Tradition und Brauchtum gültig. Damit haben die neuen Formen der Hochzeit die alten nicht ersetzt, sondern sind ihnen lediglich hinzugefügt worden, um den Erfordernissen der sich wandelnden Lebensbedingungen gerecht zu werden.

4. Der Tod

Der Tod ist das unausweichliche Ende für das menschliche Leben, die Haltung ihm gegenüber ist jedoch unterschiedlich. Im allgemeinen betrachten die Akan den Tod nicht als das Ende des Lebens, sondern als einen Übergang von diesem gegenwärtigen Erdenleben zu einem anderen Leben im Land der geistigen Wesen. Der Mensch muß eine Reise machen, um das jenseitige Land zu erreichen und als Ahne weiterzuleben. Daher bleiben die Toten nicht im Grab, sondern werden zu geistigen Wesen und gehen ihren Weg in der Welt, die bei den Akan »asamando« genannt wird, weiter.

Da der Tod nicht das Ende für den Menschen bedeutet, trennt er auch nicht die Verbindung zur Familie. Ganz im Gegenteil, er weitet diese Verbindung bis ins Unendliche aus, und die Zeremonien und Riten, die von den Lebenden für die Toten vollzogen werden, zeigen diese ungebrochene

Beziehung in aller Deutlichkeit. Daher hat eine Akan-Familie einen über das Natürliche hinausreichenden Seinsbereich, der von den Lebenden und den Toten geschaffen wird. Die Tatsache der fortdauernden Mitgliedschaft der Abgeschiedenen zeigt sich in der Aufmerksamkeit, die ihnen in jeglichem Handeln der Familie geschenkt wird. Sowohl die Lebenden wie auch die Toten haben ihre Aufgabe zu erfüllen, und die Familienangelegenheiten werden sich gut entwickeln, wenn beide Seiten ihren Verpflichtungen in rechter Weise nachkommen. So sind die Lebenden zum Beispiel dafür verantwortlich, daß die Beisetzungsriten für die Toten in der richtigen Art abgehalten werden, daß ihnen ein würdiges Begräbnis bereitet wird und ihnen anschließend Opfer in Form von Speise und Trank dargebracht werden, wodurch Gedenken und Verehrung zum Ausdruck gebracht werden. Die Toten ihrerseits beginnen durch ihre ständig wachsende Macht eine immer größere und wichtigere Rolle in der Gemeinschaft der Menschen und im Leben ihrer Familie zu spielen. Ihre Aufgabe ist es, ihre Familien zu schützen und zu lenken, helfend in ihre Angelegenheiten einzugreifen und ihnen zu dienen, wie auch die Ältesten dies tun.

Doch wird der Tod auch als übler Zerstörer, als

Mörder und als Fluch angesehen, der menschliches Bemühen zunichte macht. Er verursacht die physische Trennung und stellt einen großen Verlust dar, nicht nur für die engere Familie, in der er auftritt, sondern auch für die ganze Gemeinschaft. Der Tod ist der erbittertste Feind des Menschen und wird von den Aschanti mit folgenden Worten beschrieben: »Wenn dich der Tod begehrt und du nennst ihn Vater, dann wird er dich mitnehmen; nennst du ihn Mutter, so nimmt er dich ebenfalls mit.« Der Tod treibt die Menschen in Kummer und Verzweiflung, und er achtet weder Schönheit noch Intelligenz, Reichtum oder Ruhm. Er kommt wie ein Ungeheuer, nimmt jung und alt mit sich, und es gibt niemanden, der eingreifen kann, wenn er kommt.

5. Die Beerdigung

Begräbnisse sind sozial bedeutende Ereignisse bei den Akan. Sie betreffen in der Regel große Gemeinschaften, die zu diesem Ereignis zusammenkommen, um die entsprechenden Riten abzuhalten, die dazu beitragen sollen, das Band zwischen Lebenden und Toten zu festigen. Ein weitverbreiteter Glaube unter den Akan besagt, daß der Geist des Verstorbenen die Ahnen nicht erreichen kann, bevor die entsprechenden Begräbnisriten nicht in der richtigen Weise durchgeführt wurden. Daher erfüllt die Durchführung der Beerdigungsriten die Angehörigen mit großer Befriedigung.

Es gibt eine Vielfalt verschiedener Begräbnisfeiern, da die Art der Riten nicht nur durch die Todesumstände – ob es sich beispielsweise um einen guten oder einen schlechten Tod* handelt –, bestimmt wird, sondern auch durch das Alter, die soziale Stellung und den Rang des Verstorbenen.

Das Begräbnis eines Kindes unterscheidet sich wesentlich von dem eines Erwachsenen. Die Menschen wehklagen weniger, und Riten und Zeremonien sind gewöhnlich kurz. Ein Erwachsener erhält eine vielgestaltigere Beerdigung. Die Beisetzung eines Königs unterscheidet sich darüber hinaus noch beträchtlich von der des gewöhnlichen Volkes.

Die Bestattungsriten werden normalerweise in verschiedenen Abschnitten durchgeführt, doch ist dies von Stamm zu Stamm verschieden. Die Brongs haben zum Beispiel vier Teile in ihren Be-

* Jeder nicht gewöhnliche Tod wird ein »schlechter« Tod genannt, z. B. Selbstmord oder durch ein Unwetter umzukommen. Durch Krankheit oder durch hohes Alter im Bett zu sterben, wird dagegen als ein »guter« Tod angesehen.

stattungsfeiern. Die Vorbereitung des Leichnams, die Trauer vor dem Begräbnis, das Begräbnis und die Trauer nach dem Begräbnis.

Wenn eine Familie vom Tod eines ihrer Mitglieder betroffen wird, so werden auch der Häuptling und die Freunde benachrichtigt. Dann bereitet die Familie den Leichnam für das Begräbnis vor, indem sie ihn badet, ankleidet und aufbahrt. Diese Vorbereitung ist ausschließlich eine Familienangelegenheit, zu der die Öffentlichkeit nicht eingeladen wird. Zu diesem Zeitpunkt findet auch keine Totenklage statt.

Die Trauer vor dem Begräbnis beginnt, wenn der Leichnam aufgebahrt ist. Nun können Freunde, Verwandte und andere Menschen kommen, um den Toten zu betrauern und ihr Mitgefühl gegenüber den Leidtragenden auszudrücken. Sie singen Totengesänge, welche den Verstorbenen preisen und von Leben und Tod im allgemeinen handeln.

In alten Tagen fand das Begräbnis gewöhnlich am Todestag statt, aber heutzutage kann sich die Beerdigung durch die Kühlmöglichkeiten um einige Tage verzögern. Diejenigen, die an der Beerdigung teilnehmen, die Verwandten eingeschlossen, müssen Trauerkleidung tragen, die dunkelrot, braun, kastanienfarben oder ocker sein kann. Wenn es sich um einen Menschen handelt, der in einem sehr hohen Alter gestorben ist, so sollten die Verwandten weiße Kleidung tragen.

Die Trauer nach dem Begräbnis schließt eine öffentliche Zeremonie ein, die etwa eine Woche nach dem Tod abgehalten wird. Jetzt kommen die Leute, um der leidtragenden Familie ihr Beileid auszudrücken. Dann werden Geschenke, »nsawa« genannt, in Form von Geld überreicht, um der Familie zu helfen, die Beerdigungskosten zu tragen. In alten Zeiten wurden diese Geschenke in Form von Palmwein überreicht, der in irdene Töpfe gefüllt war und allen, die der Beerdigung beiwohnten, angeboten wurde.

Nach der öffentlichen Zeremonie gibt es aufeinanderfolgende Trauerzeiten, welche auf den 8., 15., 40., 80. Tag und auf den 1. Jahrestag des Todes fallen. Diese werden in den verschiedenen Aschanti-Gebieten auf unterschiedliche Weise beachtet. Jedoch wird der erste Jahrestag allgemein für wichtig gehalten, Trankopfer werden dargebracht und das »Afirinhyiaduane«, das Jahrestagsmahl, wird in Erinnerung an die Ahnen zubereitet. An diesem Tag legen die Verwandten ihre Trauerkleidung ab.

6. Das Leben nach dem Tod

Der Verstorbene geht nach allgemeiner Überzeugung auf eine Reise; sein Leben ist durch den Tod nicht beendet. Das gegenwärtige Leben wird als Vorbereitung für das Leben nach dem Tode angesehen, wo die Verstorbenen weiterleben, nachdem sie ihr Erdenleben beendet haben. Es besteht der feste Glaube, daß der Platz, den ein Mensch im Leben nach dem Tode einnimmt, durch die Art und Weise bestimmt wird, wie er sein Erdenleben geführt hat. Seine Reinheit, seine Liebe zu seinem Nächsten und zu Gott sowie seine Güte sind dafür ausschlaggebend. Der Mensch, ob Mann oder Frau, wird nicht vor dieser seiner letzten Reise beurteilt. Daher kann er selbst nicht wissen, ob er im Leben nach dem Tod als ein Ahne angesehen wird.

Jedoch sind die Toten im Jenseits nicht von den Lebenden abgeschnitten. Sie offenbaren sich ihnen im Traum oder können ihren lebenden Verwandten erscheinen und ihnen Ratschläge, Warnungen oder Nachrichten übermitteln, was von denjenigen, die sie empfangen, in der Regel sehr ernst genommen wird. Die Toten können ihre lebenden Verwandten auch zu sich rufen, damit diese über ihr falsches Verhalten Rechenschaft ablegen, vor allem, wenn durch sie Familienbesitz enteignet oder Land für Geld verkauft wurde, und sie können dann Strafen auferlegen. Bei den Akan werden einige Todesfälle als derartige Strafe erklärt.

Der Glaube, daß die Toten zurückkehren, zeigt sich in dem Brauch, Kinder nach ihren Großeltern oder Ahnen zu benennen. Mit diesem Brauch hängt auch der Glaube zusammen, daß der einem Kinde gegebene Name dessen Leben beeinflußt. Daher werden die Namen guter Ahnen öfter verwendet als diejenigen, deren Einfluß weniger wünschenswert ist. Es ist auch nicht ungewöhnlich, ein Kind nach einem Ahnen zu benennen, mit dem es eine besondere Ähnlichkeit hat.

Dem Glauben gemäß können die Verstorbenen auch zur Erde zurückkehren, um in ihrer Familie wiedergeboren zu werden. Dieser Glaube wird durch einige Namen veranschaulicht, die Kindern gegeben werden. So bedeutet zum Beispiel der Aschanti-Name »Ababio« = »Dieser Mensch ist zurückgekehrt oder wiedergekommen«. Ein anderer Aschanti-Name, »Nsankyire«, deutet darauf hin, daß »der Mensch nicht bleiben konnte und zurückgekommen ist«.

Der Glaube der Akan an die Wiedergeburt ist

eindeutig, wobei sie allerdings der Meinung sind, daß sich nur die hervorragenden Eigenschaften und die Weisheit des Vorfahren in seinem Nachkommen wiederverkörpert, nicht aber die Substanz, die den Willen trägt. Jedes Okra bewahrt seine Eigenart, und bei jeder Geburt verkörpert sich ein neues Okra. Obwohl der Ahne dem Glauben gemäß in seinen Urenkeln wiedergeboren wird, lebt er dennoch weiterhin auch im Bereich des nachtodlichen Lebens. Daher kann man hier von einer »Teilinkarnation« sprechen. Es gibt bestimmte Besonderheiten, die durch die Geburten immer wieder auftauchen und somit die Fortdauer des lebendigen Daseins einer Familie oder einer Sippe gewährleisten.

Die Frage, wohin der Tote geht, wird von den Akan verschieden beantwortet. Ganz allgemein jedoch nehmen sie an, daß sich die Toten auf eine Reise begeben, auf welcher sie Flüsse überqueren müssen, bevor sie zu ihrem Ziel gelangen. Daher pflegen sie den Brauch, einen Flaschenkürbis in den Sarg zu legen, damit der Verstorbene auf seinem langen Weg daraus Wasser trinken kann. Es wird ihm auch Geld mitgegeben, damit er sich Nahrung kaufen kann.

Wie schon zuvor erwähnt, hängt jedoch das endgültige Schicksal des Menschen davon ab, wie er sein vorhergehendes Leben gestaltet hat. Über die endgültige Bestimmung des Menschen gibt es verschiedene Auffassungen. Im allgemeinen wird angenommen, daß der Tod eine Wiedervereinigung mit den Ahnen und Verwandten bringt, da man kein schlimmeres Schicksal ins Auge fassen kann, als von den eigenen Freunden und Verwandten getrennt zu sein.

Dem Glauben gemäß läßt Gott den Menschen nach ihrem Tod Gerechtigkeit widerfahren. Jeder muß allerdings vor ihm Rechenschaft über sein Erdenleben ablegen, worauf Gott dann urteilt. Die Aschanti sagen: »Über alles, was wir auf der Erde tun, müssen wir im Himmel kniend Rechenschaft ablegen«, und »In der Gegenwart von Gott müssen wir unseren Fall darlegen«. Die Akwapims sagen über das endgültige Urteil: »Daakye, Onyame bebisa w'asee« = »Gott wird dich fragen, was du mit deinem Leben getan hast, während du auf der Erde warst.«

So schließt sich der Lebenskreislauf, doch eigentlich ist es kein Ende, da hier der Beginn eines neuen Kreislaufes liegt.

VII. Götter und geistige Wesen

Die Akan glauben, daß die Götter von Onyame erschaffen wurden, um bestimmte Aufgaben zu erfüllen, und daß sie nicht aus eigenem Willen in Erscheinung getreten sind. Als Geschöpfe teilen sie auch die Einschränkungen aller anderen geschaffenen Wesen. Ihre Macht ist auf die Ausführung bestimmter Aufgaben begrenzt, und keiner von ihnen genießt die unbegrenzte Macht Onyames. Einige Akan-Stämme sehen sie als Kinder oder Boten Gottes an, andere dagegen betrachten sie als seine Stellvertreter. Die Götter können männlich oder weiblich, gut oder böse sein. Es sind ihnen, wie bereits erwähnt wurde (vgl. S. 23), Orte zum Verweilen oder Wohnsitze in der Umwelt gegeben – Hügel, Flüsse, das Meer, Bäume, Felsen oder sogar bestimmte Tiere. Doch bleiben sie geistige Wesen und sind zu unterscheiden von ihren Wohnstätten. Deshalb dürfen die Bäume, Flüsse oder Steine nicht mit den Göttern verwechselt werden, die in ihnen wohnen. Die Götter besitzen uneingeschränkte Bewegungsmöglichkeiten und können von ihrer Wohnstatt kommen oder gehen. Sie sind daher nicht an die offenbaren Erscheinungen der Natur gebunden, in denen sie leben. Aus diesem Grunde werden nicht Holz und Stein verehrt, wie viele Fremde meinen, sondern vielmehr das geistige Wesen, das in Baum und Stein wohnt.

Diese Geister oder Götter sind unter dem Namen Abosom (Mehrzahl) und Obosom (Einzahl) bekannt. Aufgrund ihrer Wesensart und ihrer Aufgabe stehen sie über den Menschen. Es wird ihnen große Macht zugeschrieben und doch hat jeder von ihnen seinen eigenen Aufgaben- und Zuständigkeitsbereich. So gibt es Götter der Fruchtbarkeit, der Seuchen, des Ackerbaus und solche für verschiedene Sphären menschlichen Bemühens. Innerhalb dieser besonderen Bereiche, für die der Schöpfer sie bestimmt hat, haben sie uneingeschränkte Macht. Es kommt jedoch vor, daß sie die Erwartungen der Menschen enttäuschen, und somit ist deren Haltung ihnen gegenüber nicht ungeteilt. Erfüllen die Geister die Erwartungen der Menschen, so werden sie respektvoll behandelt, versagen sie jedoch, so schätzen die Menschen sie gering. Eine Gottheit, die versagt hat, kann sogar verbrannt werden, doch bedeutet eine solche Handlung nicht die Ablehnung des Glaubens an die Götter, denn eine Gottheit, die versagt, wird durch eine mächtigere ersetzt oder durch eine, die größere Zufriedenheit verspricht.

Die Anzahl der Götter ist von Gemeinschaft zu Gemeinschaft verschieden, und es bestehen auch Unterschiede in ihrem Wesen. Einige von ihnen könnte man Naturgeister oder Verkörperungen von Naturkräften nennen. Welche Identität ihnen auch immer zugeschrieben wird, so bleibt doch die wichtige Tatsache bestehen, daß es sich um geistige Wesen handelt, die Einfluß auf das menschliche Leben haben und mit denen die Menschen rechnen müssen.

Die Götter der Akan-Völker bilden zwei Gruppen, die voneinander unterschieden werden müssen. Zunächst gibt es die alten Schutz-Götter, die zu der Gemeinschaft gehören und die seit undenklichen Zeiten verehrt werden. Sie sollen die Kinder Onyames sein, und ihre wichtigste Aufgabe besteht darin, die Gemeinschaft vor Schaden zu beschützen. Die Aschanti nennen sie »Tete absosom«. Die zweite Gruppe ist jüngeren Ursprungs. Man könnte sie vielleicht eher als »Medizin« bezeichnen, da es sich um physische Objekte oder Instrumente handelt, die magische Verwendung finden und die zu Göttern erhöht worden sind. Sie werden »Suman Brafo« oder »Bosom Brafo« genannt. Diese Götter gehören nicht zu einer Gemeinschaft; sie gehören zu Individuen, welche sie auf segensreiche, schädliche oder zerstörerische Weise einsetzen können.

Wir wenden uns nun der Betrachtung einiger der wichtigsten Götter der Akan und ihrer Bedeutung im religiösen Leben des Volkes zu.

1. Der Geist der Erde – Asase Yaa

Überall in Akan und Ghana wird die Erde als ein geistiges Wesen angesehen. In der Akan-Gemeinschaft ist sie nach Gott als zweite Gottheit eingeordnet und empfängt Trankopfer an zweiter Stelle. In Aschanti und anderen Akan-Gebieten wird sie als »Asase Yaa« bezeichnet, als »Asase Efua« bei den Fante. Manchmal wird sie auch »Aberewa« = »alte Frau oder Mutter« genannt. An bestimmten Tagen, die ihr gewidmet sind, darf der Boden nicht bearbeitet werden. Wo sie Asase Yaa genannt wird, ist dies der Donnerstag, und der Freitag ist es in dem Gebiet, wo sie Efua genannt wird. In alten Zeiten wurde derjenige schwer bestraft, der dieses Tabu mißachtete, weil man befürchtete, daß die ganze Gemeinschaft von

Bösen heimgesucht wird, falls dieses Gebot nicht streng eingehalten würde. Außerdem glaubt man, daß jeder, der sich an diesen besonderen Tagen in den Wald wagt, den unangenehmsten Dingen, die man sich vorstellen kann, begegnet, und möglicherweise wird er nicht einmal überleben, um später davon zu berichten.

Es gibt weder Tempel oder Schreine, die Asase Yaa gewidmet sind, noch Priester, die ihr dienen, weil jeder unmittelbaren Zugang zu ihr und ihren Gaben hat. Sie wird oft als eine große Mutter erwähnt, die niemals eines ihrer Kinder (Amponyinamoa) zurückweist, wie schwerwiegend deren Handlungen gegen sie auch sein mögen. So erlaubt sie jedem, nach dem Tode in ihrem Schoß zu liegen. Sie ist jedoch keine orakelhafte Gottheit, die von den Menschen in Krisenzeiten befragt werden kann. Die Akan sagen: »Asase nye bosom, nkyere mmusuo« = »Die Erde ist keine Gottheit, sie vollbringt keine göttlichen Taten.« Deshalb wird die Mutter Erde in eine eigene Klasse eingeordnet.

Wie andere Götter empfängt der Geist der Erde besonders zu Beginn der Pflanzzeit Gaben und Opfer. Die Farmer opfern ihr Geflügel und spritzen deren Blut auf die Erde. Außerdem bereiten sie Nahrung vor, die sie in die vier Himmelsrichtungen verstreuen. Im allgemeinen kann das Land nicht bearbeitet werden, ohne vorher die Erlaubnis des Erdgeistes und der Vorfahren erbeten zu haben, welche die rechtmäßigen Besitzer der Erde sind.

Auch wenn ein Grab ausgehoben werden soll, wird dem Geist der Erde ein Opfer dargeboten. Es herrscht die feste Überzeugung, daß alle Menschen aus dem Inneren der Erde aufsteigen und mit dem Tode zur Erde zurückkehren. Bevor man anfängt zu graben, wird demnach ein Trankopfer ausgeschüttet mit der Bitte um Erlaubnis, das Loch zu graben, um ein Kind von Asase Yaa in ihrem Schoß beerdigen zu können.

Asase Yaa ist eine Gottheit, die menschliches Blutvergießen verachtet. Vorfälle wie zum Beispiel sexuelle Handlungen, Selbstmord oder Morde in freier Natur werden der Mutter Erde gegenüber als große Sünde betrachtet. Geschieht etwas derartiges, müssen enorme Opfer gebracht werden, um sie wieder zu beschwichtigen. Man glaubt, daß die ganze Gemeinschaft von unaussprechlichem Unglück heimgesucht wird, wenn sie nicht besänftigt ist.

Asase Yaa ist auch bekannt als diejenige, die sich streng für die Aufrechterhaltung der Wahrheit einsetzt. Immer wenn die Richtigkeit einer Aussage angezweifelt wird, muß derjenige, der sie äußerte, mit der Zungenspitze etwas Erde berühren, um zu bezeugen, daß er die Wahrheit sagt.

2. Die Geister des Wassers (Wassergeister)

Beinahe alle Akan-Gemeinschaften glauben, daß in Gewässern, ob klein oder groß, Götter wohnen. Sie werden als wohlmeinende Götter angesehen, die über Meer, Flüsse, Seen und Lagunen herrschen und sehr wichtig für das Leben der Menschen sind. Daher werden diese Götter, wo immer sie auch wohnen, mit großer Ehrfurcht behandelt.

3. Der Gott des Meeres

Der Gott des Meeres ist eine der wichtigsten Gottheiten in der traditionellen Religion der Akan, und sein Einfluß erstreckt sich über die Küstengebiete hinaus. Er wird von den Fante, die an der Küste von Ghana leben, Bosompo genannt. Der Dienstag ist ihm gewidmet, und an diesem Tag wird nicht gefischt. Jährlich werden ihm Opfer gebracht, um sicherzustellen, daß erfolgreicher Fischfang und sichere Seefahrt der Fischer gewährleistet sind.

4. Der Flußgott Tano

Die Anbetung von Tano, dem Flußgott, ist in Ghana verbreitet, insbesondere unter den Menschen, die zu den Stämmen der Aschanti, Brong und Akim gehören. Von ihm wird geglaubt, daß er ein Sohn Onyames ist. Nach einem bekannten Mythos ist er der Hauptfeind seines älteren Bruders Bea, der auch ein Flußgott ist.

Bea war der Bevorzugte von Onyame, der seinem pflichtbewußten Sohn als Belohnung das fruchtbare und bewaldete Land übergeben wollte, als dieser das Mannesalter erreichte; das trockene und unfruchtbare Land jedoch sollte sein ungehorsamer Sohn Tano bekommen. Onyame eröffnete sein Vorhaben seiner Botin, der Ziege, und bat sie, die Söhne zu rufen, damit sie ihr Teil abholten. Es stellte sich aber heraus, daß die Ziege Tano bevorzugte. Sie verriet Tano das Geheimnis und riet ihm, am frühen Morgen als Bea verkleidet zu seines Vaters Haus zu gehen und dessen Teil zu empfangen. Danach ging die Ziege zu Bea, um ihm die Nachricht zu überbringen, fügte aber hinzu, daß er sich nicht beeilen müsse, da Onyame noch beschäftigt sei. Deshalb ließ Bea sich Zeit, da er sicher war, seinen gerechten Anteil zu erhalten. Früh am nächsten Morgen verkleidete sich Tano als sein Bruder und bekam das fruchtbare Land. Später, als Bea zu seinem Vater kam, wurde der Fehler entdeckt, aber es konnte nichts mehr daran geändert werden. So bekam Bea nun das trockene und unfruchtbare Land als sein Erbe. Seit diesem Tag ist die Ziege ein Tabu für alle Anbeter von Bea und Tano.

Tano wird auch oft als Ta Kora bezeichnet, und als Vater von Göttern – wie zum Beispiel Ta Mensa und Ta Kese – angesehen. Er ist nicht nur ein Flußgott; Anzeichen von den Aschanti weisen darauf hin, daß er auch als Donnergott angesehen wird, der während Gewittern versöhnlich gestimmt ist. In alten Tagen wurde er auch in Kriegszeiten angesprochen und als wichtiger Beschützer der Aschanti-Gemeinschaft anerkannt. Tano ist immer noch eine wichtige Gottheit und wird in schwierigen Zeiten um Rat gefragt.

5. Böse Götter

Obwohl die meisten Götter der Akan für wohlwollend gehalten werden und man sich ihrer Gunst durch Opfer und angemessene Arten der Anbetung versicherte, finden wir dennoch bestimmte geistige Wesen oder Götter, die ausgesprochen als böse bezeichnet werden. Diese Götter haben viele verschiedene Seiten. Sie werden zwar gefürchtet, aber auch verehrt, um ihren bösen Willen abzuwenden. Man sieht sie als schlecht an, weil sie die Widersacher der Menschen sind und unaussprechliches Elend verursachen können; trotzdem können sie den Menschen im Kampf gegen Feinde zu Hilfe kommen, wenn sie darum gebeten werden.

Sasabonsam

Die Akan glauben an einen schlechten Geist, genannt Sasabonsam, was wörtlich böser Geist bedeutet, der die Gestalt eines Waldungeheuers annehmen kann. Sasabonsam lebt, wie überliefert wird, in Bäumen wie Odum (Chlorophora excelsa, eine Moraceae, die das Hartholz liefert) und Onyma (Ceiba pentandra, eine Bombacaceae, die ölhaltige Samen besitzt und die Kapokfaser liefert) und ist mit Hexen verbündet.

Sasabonsam ist ein Ungeheuer mit einer furchterregenden Erscheinung. Er hat den Kopf eines Tieres mit langen schwarzen Haaren, einen feuerspeienden Mund und eine lange Zunge, die er meistens herausstreckt; er hat Hufe und einen langen Schwanz, dessen Ende ein Schlangenkopf ist, welcher sich um die Bäume wickelt, auf denen er sitzt. Sasabonsam hat außerdem Flügel, mit denen er im tiefsten Wald herumfliegen kann, um unvorsichtige Wanderer und Jäger zu erschrecken, die sich in den Wald hinausgewagt haben. Er ist von Natur aus böse und steht immer in Verbindung mit Hexen, die Unheil über eine Gemeinschaft bringen. Die Akan beschreiben ihre Beziehung zu ihm mit dem Sprichwort: »Sasabonsam ko ayi a, oda obayifo afa« = »Wenn Sasabonsam einem Begräbnis beiwohnt, kommt er zusammen mit einer Hexe«; anders ausgedrückt könnte man auch sagen, daß »Vögel mit gleichen Federn sich gern zusammenscharen«.

Mmoatia

Andere Geister, die Gestalt annehmen können, sind die Mmoatia oder »kleinen Leute«. Diese sind nun nicht ganz böse, weil sie eine erfinderische Seite haben, aber sie können auch Strafen verhängen. Wie Sasabonsam leben sie im Wald. Man glaubt, daß sie von kleiner Gestalt sind, etwa 30 cm groß, gebogene Nasen und eine gelbliche Haut haben, wobei ihre Füße in entgegengesetzte Richtungen weisen. Die Mmoatia verständigen sich durch eine Wispersprache und ihre bevorzugte Nahrung besteht aus Bananen, Nüssen und Zuckerrohr.

Die Mmoatia haben ihre Lager im Wald, aber ihre Lieblingsplätze sind Felsen, wohin sie diejenigen entführen, die sich in ihr Gebiet wagen. Eindringlinge sollen sie durch Schläge überwältigen und zu ihrem Lager bringen; gewöhnlich werden die Gefangenen mit Bananen gefüttert, sie werden jedoch nie lange gefangen gehalten, sondern nach einer Weile entlassen und heimgeschickt.

Die Mmoatia besitzen ein phänomenales Wissen über Heilmittel, welches sie an Pflanzensammler und Medizinmänner weitergeben, und man ist überzeugt, daß viele Kräutersammler die Heilmittel für ungewöhnliche Krankheiten von den Mmoatia, ihren Lehrern, bekommen haben.

6. Zusammenfassung

Aus dem Vorhergehenden können wir entnehmen, daß die Gottheiten keine unabhängige Existenz haben. Sie entstanden, um bestimmte Aufgaben zu erfüllen, durch welche sie die Menschen mit Gott in Verbindung setzen. Sie sind infolgedessen Vermittler und werden als solche verehrt. Es ist Onyames Wille, daß sie existieren. Sie beziehen ihre Kraft aus ihm, und sie wären machtlos ohne Bezug zu ihm, der Quelle aller Macht. Tatsächlich können die uralten Schutzgötter als Offenbarungen einzelner Seiten der Schöpfermacht angesehen werden.

VIII. Geistige Kräfte, die Zauberei

Das Bild der Akan-Religion wäre unvollständig, wenn die geistigen Kräfte unerwähnt blieben. Nach dem Akan-Glauben können einige dieser Kräfte von Menschen mit entsprechendem Wissen und den notwendigen Fähigkeiten leicht erworben werden. Eine dieser geistigen Kräfte ist die Zauberei. Diejenigen, die sie beherrschen, können sie für gute oder böse Zwecke verwenden.

Der Glaube an Hexerei findet sich in den meisten Gemeinschaften rund um die Welt, und so sind die Akan keine Ausnahme. In allen Gesellschaften, die an Hexen glauben, werden viele der menschlichen Leiden – Krankheit, Tod, Unfruchtbarkeit bei Männern und Frauen, Mißernten, Armut und andere Arten von Unglück – dieser seltsamen und üblen Macht zugeschrieben, von der man annimmt, daß bestimmte Personen innerhalb der Gemeinschaft über sie verfügen.

Bei den Stämmen der Akan ist Zauberei eine anerkannte Realität. Man hört oft von den Übeln, die durch Zauberei heraufbeschworen werden können; aber Zauberei kann auch zu guten Zwekken eingesetzt werden. Es heißt allgemein bei den in Rede stehenden Stämmen, daß es sowohl gute Hexen (»bayi pa«) als auch böse Hexen (»bayi bone«) gibt. Diese geistige Macht ist gut oder böse, je nachdem wie sie gebraucht wird. In jedem Falle ist sie als »wirklich« anerkannt. Die meisten Akan glauben, daß es Hexen und Zauberei gibt. Ihre Kunst ist wirksam genug, um unsagbares Leid und Todesfälle zu verursachen, und zwar nicht nur unter den ungebildeten, die ihre traditionellen Bräuche weiterführen, fast so wie sie von den Vorvätern überliefert wurden, sondern auch unter den gebildeten Männern und Frauen im Staatsdienst: den Kaufleuten, Politikern, Universitätsprofessoren, Studenten, Ärzten, Erzbischöfen, Alhayis (ein Muslim, der Mekka besucht hat, ein Mekkapilger), christlichen Pfarrern und jedermann. Für die meisten aus dem hier aufgezeigten Personenkreis ist Hexerei eine bedrängende und sehr beunruhigende Wirklichkeit; sie ist eine teuflische, seelenversklavende Gegenwart. Hexen werden von den Akan so real genommen wie Mörder, Gefangene, Diebe und andere Übeltäter. Das ist die Basis des starken Glaubens an Hexerei.

Dieser Glaube und seine Wirkungen auf die Menschen in der Gesellschaft kann im Land der

Akan als ein Teil des religiösen Erbes betrachtet werden. Hexen und Zauberei werden gewöhnlich mit Frauen in Verbindung gebracht, obgleich man gelegentlich geständige Hexen antrifft, die Kinder sind. Man glaubt, daß die Hexen ihre Macht benutzen, um diejenigen anzugreifen, die sie nicht mögen. In den meisten Fällen sind Frauen, denen man diese Macht zuschreibt, nicht fähig genug, um in einem ausgedehnten Gebiet zu wirken. Ein Hexer hat mehr Macht als sein weibliches Gegenstück. Ein Mann, der Hexenkraft besitzt, wird für furchtbarer (»Bembonsam«) gehalten als die Hexe.

Man glaubt, daß Hexen während des Schlafes ihren Körper verlassen können, in der Gesellschaft anderer Hexen nächtliche Besuche abstatten und nach getaner Arbeit in ihre Körper zurückkehren. Das Sunsum der Hexe verläßt den Körper, so daß man sie in tiefem Schlaf antreffen kann, während ihr Sunsum meilenweit entfernt ist. Man glaubt auch, daß Hexen während ihrer nächtlichen Besuche sich in Gruppen zusammenfinden und sich gemeinsam am Verzehr von Menschen ergötzen. Nach allgemeinem Glauben wird der »Geist«* des Opfers magisch in das Fleisch des Tieres verwandelt, das gegessen wird. Das Op-

* Der »Geist« ist ein geheimnisvolles, nichtstoffliches Gefüge (eine geheimnisvolle, nichtstoffliche Ganzheit), eine We-

fer stirbt schließlich, wenn der »Geist« von den Hexen verschlungen worden ist.

Die Hexenzusammenkünfte sollen bei Nacht auf der Spitze von Bäumen wie Odum (Chlorophora excelsa) stattfinden. Nachdem sie ihre Körper verlassen haben, verwandeln sich die Hexen in Vierbeiner, Insekten oder Vögel und begeben sich an ihren Bestimmungsort. Man nimmt an, daß sie sich unsichtbar machen, indem sie ihren Körper mit einem Gebräu einreiben, so daß sie nackt fliegen können, ohne gesehen zu werden. Von anderen glaubt man, daß sie auf Spinnweben oder Tieren reiten, wie schwarzen Katzen, Kröten, Ratten oder Hunden. Noch andere verwandeln sich in Schnecken, Leoparden oder Antilopen. Außerdem speien Hexen Feuer aus Augen, Nase, Mund, Ohren und Achselhöhlen und können auf ihren Körpern laufen, die Füße himmelwärts gerichtet.

Man glaubt, daß mehrere Wege zur Hexenkunst führen. Wenn die Mutter selber eine Hexe ist, kann sie bei der Geburt auf ihr Kind vererbt

sensform oder ein Wesen, welches das Bewußtsein in sich trägt. Dies ist der Teil des Menschen, der wiederum Intelligenz und Weisheit besitzt. Er ist verschieden von der Seele, die das Okra ist, aber er ist ebenso göttlich. Der Geist verbindet sich mit dem Okra (vgl. S. 80), wenn es auf dem Weg vom Kosmos zur Erde ist.

werden. Jedoch kann auch eine Frau, die keine Hexe ist, eine Hexe zur Welt bringen. Dies rührt nach allgemein verbreiteter Ansicht unter den Akan daher, daß Hexen sich ihres nächtlichen Schmutzes in Flüssen entledigen, bevor sie nach Hause zurückkehren, und auf diese Weise das Wasser mit Hexenkraft verseuchen. Die erste Frau, die dann in den Fluß watet, um Wasser für den Haushalt zu holen, umgibt so ihr nächstes Kind mit Hexenkraft. Solche Kinder werden jedoch möglicherweise ihrer Hexenfähigkeit nicht inne bis nach der Pubertät, wenn sie in die Zunft der Hexen aufgenommen werden, indem sie an ihrem ersten Menschenessen teilnehmen.

Hexenkunst kann auch zu billigem Preis auf dem Markt gekauft werden und liegt so in Reichweite sogar der Allerärmsten. Sie wird von alten Frauen verkauft, die dem Kunden auch die entsprechende Gebrauchsanweisung geben.

Man glaubt auch, daß die Hexenkunst erworben werden kann durch Berührung mit bestimmten Gegenständen, die gewisse, für Zauberkraft durchlässige Stoffe enthalten. Diese Gegenstände können entweder aufgehoben oder geschluckt werden. Eine Hexe kann auch ihre Hexenmacht jemanden schenken, den sie besonders gerne hat, und zwar in Form einer Perle, eines Stoffstückes, eines Eies oder roten Palmöls. Diese Gabe, so glaubt man, gibt die Hexe gewöhnlich kurz vor dem Tod weiter, so daß ihre Macht nicht mit ihr begraben wird, sondern nach ihrem Tode weiterlebt.

Schließlich kann Hexenkunst auch von Teufeln erworben werden. Man glaubt, daß Dämonen zuweilen ihre Macht der Hexerei auf Menschen werfen und diese zwingen, auch gegen ihren Willen, ihren Nachbarn Böses zu tun.

Auf welche Weise auch immer jemand die Zauberkraft erworben hat; besitzt er sie einmal, kann er anderen schaden und unsägliches Leid über seine Mitmenschen bringen. Eine Hexe arbeitet nicht allein, sie tut sich vielmehr mit anderen in einer Zunft oder Gemeinschaft zusammen, um dann die Ungeheuerlichkeiten zu begehen, die Hexen zugeschrieben werden.

Der Glaube, daß Hexen sich von Menschen ernähren, ist weitverbreitet. Jedoch geschieht das Verschlingen nur übersinnlich, da kein sichtbares Zeichen auf dem Körper des Opfers gefunden wird.

Man sagt, daß die Hexen bei ihren Zusammenkünften beschließen, wer ein Opfer zum Verschlingen herbeischafft. Das Opfer muß dann aus dem Haus der Hexe stammen, der befohlen worden ist, es zur Verfügung zu stellen. Eine Hexe kann niemanden opfern, der nicht aus ihrer eigenen Hausgemeinschaft kommt. Ein Aschanti-Sprichwort bestätigt das: »Aboa bi reka wo a na efiri wo ntoma mu«; das bedeutet: »Die Fliege (die Mücke), die dich sticht, kommt aus deinem Kleid.« Das Opfer bekommt einen Strick um den Hals wie ein Schaf und wird herbeigezerrt, um geschlachtet und dann stückweise an die Hexen verteilt zu werden, wobei deren Stellung oder Rang berücksichtigt wird. Jedoch erhalten alle einen gleichen Anteil am Blut des Opfers, das sie, wie es heißt, besonders schätzen.

Es wird weiterhin angenommen, daß Hexen auch den Verlust materieller Güter verursachen können. Sie können reiche Leute arm machen, indem sie sie dazu bringen, ihr Geld zu verschwenden. Sie können Menschen in Trunkenbolde verwandeln, indem sie symbolisch Behälter in deren Mägen bringen. Sie können jemandes Handfläche durchlöchern und so bewirken, daß er eine große Geldsumme verliert – ohne daß er um das Loch in seiner Hand weiß. Hexen werden auch hinter Unfällen, fallenden Bäumen und Schlangenbissen vermutet. Sie können sich in Tiere verwandeln, um bei Nacht Bauernhöfe zu zerstören. Viele verwundete Tiere sollen bei ihrem Tod weinen wie menschliche Wesen.

Eine andere Art von Unglück, das durch Hexerei erklärt wird, ist Unfruchtbarkeit. Man glaubt, daß Hexen Frauen unfruchtbar machen, indem sie deren Gebärmutter stehlen oder umdrehen. Männer werden impotent, wenn Hexen ihnen ihre Zeugungsorgane wegnehmen. Auch unheilbare Krankheiten schreibt man Hexen zu.

Durch ihr unerwünschtes Treiben stehen die Hexen als böse Menschen abseits, die nichts zum allgemeinen Wohl beitragen. Sie sind untragbar für die Gesellschaft, denn sie sind bösartig, neidisch und gehässig. Jedoch läßt sich durch ihre Existenz viel von dem Unglück erklären, das die Gemeinschaft heimsucht.

Die Anschauung der Hexerei hilft zu erklären, warum gewisse Ereignisse eintreten, die sonst unbegreiflich geblieben wären. So benutzt man die Hexerei, um zu begründen, warum jemand erkrankt, warum er eine Mißernte hat oder weshalb sein Haus einfällt. Wenngleich dieses Unglück der Hexerei angelastet wird, so heißt das nicht, daß andere physische Ursachen dabei übersehen werden. Es kann sehr wohl so gesehen werden, daß jemand krank wurde, weil er schmutziges Wasser trank, oder daß er eine Mißernte hatte aufgrund einer lang anhaltenden Dürre oder daß sein Haus durch einen schweren Regenguß einstürzte. Aber diese Erklärungen lassen die Einmaligkeit des Unglücks unberücksichtigt. Mit anderen Worten: Sie geben keine befriedigende Antwort auf die Frage, warum dieses Unglück gerade diesen bestimmten Menschen heimsuchte und nicht einen anderen. Diese Frage hat die Menschheit seit undenklichen Zeiten beunruhigt, und es wurden verschiedene Erklärungen dafür gefunden, vom Willen Gottes über den Zorn der Vorfahren oder den der Götter bis zum Zufall und zum Schicksal. Es scheint, daß Hexerei eine andere mögliche Erklärung liefert für die Einmaligkeit des Unglücks oder warum jemand so in Beziehung zu einer Reihe von Umständen tritt, daß er Schaden oder sogar Tod erleiden muß.

Hexerei kann also als eine Moraltheorie betrachtet werden. Die Hexe ist ihrem Wesen nach ein böser Mensch – sie ist unsozial, neidisch, gehässig und bösartig. Sie ist deshalb weit von den guten Menschen abgerückt, die rechtschaffen, selbstlos und gütig sind und die nichts mit Hexerei zu tun haben. Der Gedanke der Hexerei zieht daher eine moralische Trennungslinie zwischen guten und bösen Menschen. Diese Unterscheidung beeinflußt das Verhalten der Menschen in der Gemeinschaft, indem es sie anspornt, ihre sozial gebilligten Eigenschaften zu zeigen und ihre antisozialen Neigungen zu unterdrücken. In gewissen Stämmen bezichtigt man zum Beispiel Leute, die im Dunkeln spazierengehen, der Hexerei, und die Furcht vor einem derartigen Verdacht hat das Vorkommen außerehelicher Beziehungen beträchtlich eingeschränkt.

So wird in der Akan-Gesellschaft die Hexerei als eine Realität anerkannt. Sie steht jenseits von Phantasie oder bloßer Einbildung und kann nicht einfach abgetan werden, indem man sie leugnet oder nicht wahrhaben will. Denn die Auffassung der Akan von Zauberei, die auf Studien in den Gemeinschaften gründet, besagt, daß es sich hierbei um den Gebrauch oder die Anwendung einer esoterischen Kraft zu einem bestimmten guten oder bösen Zweck handelt.

IX. Medizin und Religion

In der Akan-Gesellschaft ist die medizinische Praxis eng mit den religiösen Praktiken verbunden, und zwar aus mehreren Gründen. Zunächst durchdringt, wie oben ausgeführt, Religion bei den Akan alle Seiten des Lebens und hilft den Menschen, es in seiner ganzen Vielfalt zu bewältigen. Es ist deshalb natürlich, daß die Gesundheit nicht außerhalb religiöser Überlegungen bleibt, und zwar nicht nur im Hinblick auf ihre Wiederherstellung nach einer Krankheit, sondern auch auf ihre allgemeine Erhaltung. Abgesehen von den rein organischen Krankheitsursachen, die ebenso gesehen werden, gibt es zusätzlich traditionelle Erklärungen. Sie sind überwiegend metaphysischer Art, wie Strafe durch gekränkte Vorfahren, Hexerei oder Zauberei, vorbestimmtes Schicksal oder die Folge asozialen Verhaltens.

Man glaubt allgemein, daß es den Menschen in der Gesellschaft in keiner Hinsicht gutgehen kann, wenn nicht gute Beziehungen zwischen ihnen und ihren Mitmenschen sowie den Mächten, die das Universum regieren, gepflegt werden. Abgebrochene Beziehungen können Krankheit und sogar Tod des einzelnen zur Folge haben. Weitverbreitetes Unglück wie Epidemien und Dürrezeiten können auch gestörten Beziehungen zugeschrieben werden, und nur wenn das gute Einvernehmen wieder hergestellt ist, kann das Leben harmonisch weitergehen. Um Unglück zu verhüten oder abzuwenden werden sowohl Kräuter und Wurzeln eingenommen als auch rituelle Reinigungen durchgeführt und Opfergaben dargebracht. Bei der Behandlung von Krankheit werden also die organischen wie die spirituellen Ursachen gleichermaßen in Betracht gezogen. Dies gründet wesentlich auf dem Glauben der Akan, daß der Mensch materieller und geistiger Natur ist und somit die gute Gesundheit von der Aufrechterhaltung des Gleichgewichts zwischen Geist und Materie abhängig ist.

Man betrachtet die Medizin als eine Gabe des Schöpfers. Nur die dafür Begabten können sie mit der Hilfe von Gottheiten ausüben. Alle Kräuterkundigen erkennen Gott als den Heiler an, und während der Sitzungen mit einem Priester in Krankheitszeiten heißt es, daß das Übel geheilt werden kann, wenn Gott es erlaubt: »Se Onyame pe a wo ho beye wo den« = »Ohne Gottes Hilfe hat der Priester keine Heilkraft.«

Auch die Ahnen werden in die Ausübung der Heilkunst miteinbezogen. Man glaubt, daß sie ihren Verwandten, die ernstlich erkrankt sind, besondere Heilmittel schicken, und es ist nicht ungewöhnlich, daß man auf einer Beerdigung einen Trauernden den Toten bitten hört, er möge ihm ein Heilmittel für sein Leiden schicken, oder er möge die Bitte um Medizin einem anderen Ahnen übermitteln. Auch jene Vorfahren, welche die Heilkunst einst ausübten oder lehrten, werden oft angerufen. Dies geschieht einerseits, um sie zu ehren, zum anderen aber auch, um ihren Segen und ihre Führung auf den Kräuterkundigen oder den Arzt, der die Medizin verabreicht, herabzubeschwören. Man glaubt, daß die Heilmittel durch solche Anrufungen wirksamer werden.

Neben den Gottheiten und Ahnen gibt es andere übernatürliche Wesen, die eng mit der medizinischen Praxis verbunden sind. Man hört oft unter den Akan, daß ein Kräuterkundiger die Heilkunst von den Mmoatia oder den Zwergen erlernte, die ihn zu ihrem Wohnort brachten und ihm dort ein bestimmtes Wissen übermittelten. Die Naturgeister sind eine andere Gruppe übernatürlicher Wesen, deren Beistand von den Heilkundigen gesucht wird. Ein Kräuterkenner vollführt gewöhnlich ein Ritual für den Geist des Baumes, bevor er ein Blatt pflückt oder Rinde für seine Medizin abschabt.

Obgleich die Ausübung der Heilkunst religiöser Natur ist, hat sie auch eine wissenschaftliche Seite. Durch genaue Naturbeobachtung und praktische Erfahrung wurden von den Heilkundigen umfassende Kenntnisse über Pflanzen und Wurzeln und deren medizinischen Wirksamkeit erworben. Einige Heilmittel wurden entdeckt, als man Tiere dabei beobachtete, wie sie sich gegenseitig mit bestimmten Kräutern oder Pflanzen behandelten. Eines der bedeutendsten Heilmittel gegen Schlangenbiß wurde in Ghana von einem Jäger entdeckt, der den Kampf zweier Schlangen beobachtete. Er sah, wie schließlich die stärkere die schwächere überwältigte und dann ein Blatt pflückte und dieses in den Mund der besiegten legte, um sie wieder zu beleben. Der Jäger nahm einige der heilkräftigen Blätter mit nach Hause und begann sie erfolgreich zur Behandlung von Schlangenbissen anzuwenden.

Die Beobachtung trächtiger Ziegen kurz vor dem Wurf ergab, daß sie die Rinde des Atoo-Baumes kauten (Afzelia Kotschyi = Caesalpinaceen, Hülsenfrüchtler). Dadurch fand man heraus, daß diese Rinde die Eigenschaft hatte, das Bluten nach dem Werfen zu stoppen, und so benutzen einige Kräuterkenner diese Medizin, um übermäßiges Bluten nach der Geburt von Kindern zum Stillstand zu bringen.

Von ebensolcher Wichtigkeit ist jedoch die spirituelle Seite der Medizin. Hier werden Rituale vollzogen, die bei der Behandlung mithelfen und die Heilung beschleunigen sollen. Nach Ansicht der Akan muß jede Medizin geweiht werden, bevor sie zu Heilzwecken angewendet wird. Deshalb wird die Zustimmung von Göttern und Vorfahren für notwendig erachtet, bevor eine Medizin zubereitet und während sie angewendet wird. Das ist auch der Grund dafür, daß fremdländische Medizin ohne Anreicherung mit dem traditionellen Heilmittel den Akan als unangebracht erscheint, selbst im Falle schwerer Krankheit. Leute, deren Verwandte in der Klinik liegen, schmuggeln dort häufig Heilmittel für diese ein, die sie von ihren traditionellen Ärzten erhalten haben. Und es ist auch nicht ungewöhnlich, wenn afrikanische, in europäischen Methoden geschulte Ärzte den Verwandten ihrer Klinikpatienten folgendes raten: »Diese Krankheit oder dieses Gebrechen kann besser von einem traditionellen Heiler außerhalb der Klinik behandelt werden. Warum nehmt ihr den Patienten nicht mit nach Hause und versucht es auf die angestammte Art?« Sie sagen das entweder, weil sie ernsthaft an die Wirksamkeit dieses ursprünglichen Weges für gewisse Krankheitsformen glauben, oder weil sie meinen, daß der Patient psychisch besser und leichter auf die »angestammte« Behandlung reagieren und so bei seiner eigenen Wiederherstellung mithelfen könnte. Nirgendwo in der Welt kann der Faktor des Glaubens bei der Anwendung medizinischer Verfahren abgeleugnet werden.

Welche Erklärung somit auch immer der Ursache einer Krankheit gegeben werden kann und welche Behandlung auch immer durchgeführt wird, die wesentlichen, alles umschließenden Umstände sind die Gemeinschaft im Glaubensinhalt und die innere Haltung, die in dem Patienten den Glauben erzeugen und so dem Arzt mit zum Erfolg verhelfen. Entscheidend ist anzuerkennen, daß die traditionelle Medizin nicht eine sonderbare Sammlung von Aberglauben und Irrtümern ist, sondern ein Wissensgebiet, das den ganzen Menschen einbezieht, und zwar sowohl in seinen körperlichen als auch in seinen geistigen Dimensionen.

X. Die Moral

Es gibt keine Gesellschaft ohne moralische Tugenden. In jeder menschlichen Gemeinschaft lebt eine Vorstellung davon, was tugendhaft ist oder schlecht, richtig oder falsch und was unter gutem Betragen beziehungsweise unter unmoralischem Verhalten zu verstehen ist. Diese von den Vorvätern für ihre Nachkommen geprägten Vorstellungen regeln das Handeln und Verhalten der einzelnen Glieder der Gesellschaft. Sie sind in hergebrachter Autorität verwurzelt, deren Beschlüsse alle annehmen und befolgen. Es gibt drei Lehrmeinungen, worauf moralische Werte sich gründen. Die erste Richtung behauptet, daß moralische Gesetze ihren Ursprung in der menschlichen Gesellschaft haben; für sie ist Moral ein ausschließlich gesellschaftliches Phänomen. Die zweite Richtung hält den gesunden Menschenverstand für die Quelle der Moral, während die dritte Moral auf eine religiöse Quelle zurückführt. Aber was auch immer ihr Ursprung ist, Moralgesetze sind mächtig genug, Gehorsam zu erzwingen.

Die Stämme der Akan bilden keine Ausnahme, und die Betrachtung ihrer ethischen Begriffe wird zeigen, daß die Religion deren Basis bildet. Im allgemeinen entspringt die Moral religiösen Motiven, und die Akan-Kultur ist so von Religion durchdrungen, daß Moral und Religion nicht voneinander getrennt werden können. So bemerken wir, daß die Gesetze, Tabus, Bräuche und vorgegebenen Verhaltensregeln, die das moralische Tun der Akan bestimmen, ihre zwingende Macht aus der Religion schöpfen. So entspringt die Moral der Religion, und durch sie ist das Verhalten des einzelnen geregelt.

Jede Verletzung religiöser oder moralischer Richtlinien wird als schlecht und bestrafenswert angesehen. Bedeutsam ist dabei, daß die den ethischen Codex der Akan bildenden Regeln gewöhnlich in einem einheitlichen System zusammengefaßt sind. Für das Verständnis dieses Moralkodexes ist es wesentlich, keine Regel abgetrennt von dem System als Ganzem zu betrachten. Und dieses System hat ein erstrebenswertes Ideal, nämlich soziale Harmonie und Frieden zum Guten des Menschen und der Gemeinschaft.

1. Onyame und Moral

In den ersten Kapiteln dieses Buches haben wir dargelegt, daß das Leben der Akan von Religion durchdrungen ist, und daß die Gottesvorstellung allem Glauben zugrunde liegt. Onyame ist der mächtigste Herr der Gemeinschaft und die höchste Autorität in allen Dingen. Er hat Macht über Leben und Tod, ein Gedanke, der in einem Aschanti-Sprichwort Ausdruck findet: »Onyame nkum wo a wonwu da« = »Wenn Onyame deinen Tod nicht billigt, stirbst du nicht«. Onyame ist das Ziel aller Anrufung und der Vater des Menschengeschlechts, dem die Ahnen, Gottheiten und geistigen Wesenheiten unterstehen und dem sie ihre Macht verdanken.

Onyame ist anerkannt als der höchste Wächter über Moral, Gesetz und Ordnung. Das Aschanti-Sprichwort »Onyame mpe bone« = »Onyame ist gegen das Böse« zeigt, daß von Onyame Moral ausgeht und daß er von seinen Geschöpfen ein entsprechendes Verhalten fordert. Onyames Interesse an der Moral des einzelnen endet nicht mit diesem Leben, denn die Aschanti glauben, daß Onyame die Taten eines jeden nach dem Tod beurteilt. Ein weiteres Aschanti-Wort besagt: »Onyame be bisa wo ases« = »Du wirst vor

Onyame Rechenschaft ablegen für dein Handeln in diesem Leben.«

Da Onyame überall ist und alles sieht und hört, weiß er um alle Übeltaten, auch um die, die nie von Menschen aufgedeckt werden. Einer der anderen Aschanti-Namen für Gott – Brekyirihunuade (der, der alles sieht, sogar das hinter ihm Liegende) – zeigt die Vorstellung eines allwissenden Gottes, des Gottes, der alles sieht, der um die geheimen Taten der Menschen weiß und sie alle beurteilt.

2. *Die Ahnen und Moralität*

Nach dem Glauben haben auch die Ahnen ein reges Interesse an der moralischen Ordnung. Sie handeln als unsichtbare Wächter der Moral, denn ihr Leben auf der Erde war beispielhaft, und sie waren dem von dem ersten großen Ahnen oder höchsten Herren der Gemeinschaft vorgezeichneten moralischen Weg gefolgt. Sie wissen mehr als die Lebenden, denn einst lebten sie in dieser Welt, und jetzt sind sie auch mit der geistigen Welt vertraut. Gelegentlich werden sie als Quelle der Moralgesetze in der Gemeinschaft betrachtet. Die Aschanti sind fest davon überzeugt, daß die Ahnen aktiv am Familien- und Gemeinschaftsleben teilnehmen und daß ihre Macht in diesem Bereich beträchtlich gewachsen ist, da sie nicht mehr durch die Lebensbedingungen auf der Erde eingeschränkt sind. Angelegenheiten, die die Familie oder Gemeinschaft betreffen, werden ihnen daher zur Genehmigung oder Beurteilung unterbreitet. Deshalb werden die Ahnen ganz natürlich als führende Geister gesehen, die alle dem Allgemeinwohl dienenden Vorschläge oder gesetzlichen Maßnahmen billigen und ihr Mißfallen an allem zeigen, was diese untergraben könnte. Auf diese Weise geht von ihnen eine verpflichtende moralische Wirkung aus.

Die Ahnen sollen die Macht besitzen, die Lebenden strafen oder belohnen zu können. Sie bestrafen jene, die den von der Tradition aufgestellten Sittenkodex verletzen, und belohnen diejenigen, die sich an ihn halten. Der traditionelle Sittenkodex schließt die Bräuche und Überlieferungen des Stammes ein, die man oft den »Weg der Vorväter« nennt und die das ausmachen, was die Gemeinschaft anerkennt. Die Ahnen beobachten ihre lebenden Verwandten genau und schicken denen, die die Moral verletzen, Unglück, Krankheit oder sogar den Tod. In den Aschanti-Dörfern erzählt man sich häufig von Todesfällen, die auf das Eingreifen der Ahnen zurückzuführen seien. Und Priester der Gottheiten erklären oft, daß eine Krankheit von einem Ahnen ausgehe, der aufgebracht sei über eine Schuld oder schlechtes Benehmen des Leidenden. Andererseits werden diejenigen, die sich an die Gebräuche und Gesetze halten, mit Kindern, Überfluß an Nahrung und Wohlstand gesegnet.

3. Die Götter und Moralität

Auch die Götter spielen eine bedeutende Rolle für die Richtlinien der Moral in den Stämmen der Akan. Sie verabscheuen Handlungen, welche die Harmonie innerhalb der Gemeinschaft stören oder das Familienleben ruinieren könnten, und sie bestrafen diejenigen, die den Sittenkodex antasten. Zwischen den Moralgesetzen, die Onyame den Akan gegeben hat, und jenen, die von den Göttern ausgehen, findet sich keine scharfe Unterscheidung. Man hält Onyame allgemein für die Quelle der Moral, und die Götter, die ihm dienen, sind verantwortlich für die Einhaltung der Gesetze und die Bestrafung derjenigen, die sie verletzen. Jedoch haben die Götter neben den Gesetzen, die von Onyame ausgehen, ihre eigenen, individuellen Tabus, und von ihren Anbetern wird erwartet, daß sie diese Tabus einhalten.

Die überragende Stellung des Übernatürlichen in der moralischen Ordnung der Akan wird durch die Tatsache bestätigt, daß eine Verletzung der Sittengesetze als Beleidigung der Götter, der Ahnen und Onyames betrachtet wird und nicht so sehr als ein Vergehen am Mitmenschen. Religion und Gesetz sind deshalb so eng miteinander verwoben, daß viele der mächtigsten Rechtsvorschriften unmittelbar von den Göttern stammen. Einige ausländische Autoren, die über die Aschanti geschrieben haben, behaupten, daß deren Religion in keiner Weise mit Moralvorstellungen verbunden ist, und daß ihre Götter sich nicht für Sünde, Mord, Diebstahl und Vergehen gegen Person und Eigentum interessieren.

Diese Autoren irren sich, denn bei den Aschanti ist Religion mit Moral verknüpft und bildet in der Tat das Fundament ihrer Ethik. Die Gottheiten betrachten die grauenhaftesten Verbrechen nicht mit Gleichmut, denn sie bestrafen Übeltäter. Es gibt einige Verbrechen, die besondere Sühneopfer für die Götter erforderlich machen. Natürlich unterscheiden die Aschanti zwischen »bone«, was man ganz allgemein mit Übeltat, Bösartigkeit, Übel oder auch Sünde übersetzen kann, und

»mmusu«, womit Handlungen gemeint sind, die Verderben und Unglück bringen. »Bone« ist zwar ein Handeln, das zwischenmenschliche Spannungen und Disharmonie verursacht, das jedoch ohne Beteiligung der ganzen Gemeinschaft wiedergutgemacht werden kann, wobei der Sühneakt durch Ausgießen eines Opfertranks vollzogen werden kann. »Mmusu« ist indessen von größerer Tragweite, weil die Folgen dieser Tat über den Übeltäter hinausreichen und die ganze Gemeinschaft bedrohen. Damit sind die Götter und das ganze Volk betroffen. Die Sühne erfolgt in diesen Fällen immer durch das Ausgießen eines Opfertranks und das Darbringen eines Blutopfers.

Da Asaase Yaa, der Erdgeist der Aschanti, Selbstmord, Blutvergießen und Beischlaf im Busch verabscheut, werden diese Handlungen als »mmusu« angesehen; man sagt, daß durch sie die Erde unfruchtbar wird und namenloses Unglück den Staat heimsucht. Um die Folgen derartiger Verbrechen abzuwenden, werden Asaase Yaa Opfer dargebracht.

Asaase Yaa ist auch sehr auf Wahrheit bedacht, und wann immer die Wahrhaftigkeit einer Aussage bezweifelt wird, fordert man den Betreffenden heraus mit der Bitte, ein wenig Erde auf seine Zungenspitze zu legen (ka nnetee ka w'ano!), um damit zu beweisen, daß er nicht lügt. Das geschieht in der Überzeugung, daß Asaase Yaa sich unweigerlich an ihm rächen würde, falls er falsch schwört. So verläßt man sich vollständig auf die Wahrheit einer Aussage, die durch einen Schwur im Namen einer Gottheit bestätigt wird. Man weiß von einigen Gottheiten, daß sie gemeinschaftsfeindliche Handlungen wie Hexerei, Zauberei und Verleumdung ablehnen; sie bringen die Übeltäter für ein Geständnis in ihre Heiligtümer. Schuldige, die ihre Verbrechen nicht beichten, werden oft mit verschiedenen Leiden oder sogar dem Tode bestraft.

4. Sprichwörter und Redewendungen

Ein weiterer Beweis für die Verbindung, die zwischen Moral und Religion in der Gesellschaft der Akan besteht, findet sich in den Sprichwörtern und alltäglichen Redewendungen des Volkes. Die meisten der bedeutsamen Tugenden sind entweder in Sprichwörter eingewoben oder werden in Gestalt eines Volksmärchens und seiner Moral dem Volk nahegebracht. Die Sprichwörter können als Handlungsvorschriften oder in Zeiten moralischen Verfalls als Beurteilungsgrundlagen dienen. Oft kann ein Sprichwort, das während einer Auseinandersetzung im richtigen Moment zitiert wird, den Streit augenblicklich schlichten, denn man glaubt, daß die Sprichwörter von den Ahnen und Vorfahren überliefert sind, denen wir unsere gemeinsame Erfahrung und Weisheit verdanken.

Wahrhaftigkeit und Redlichkeit sind hoch angesehene Tugenden, und die erste moralische Belehrung, die man einem kleinen Kind in der Akan-Gesellschaft erteilt, ist die, wahrhaftig zu sein. Diese Tugend wird belohnt, wie folgendes Akan-Lied zeigt:

Wenn du Wasser sagst, laß es Wasser sein
Wenn du Wasser sagst, laß es Wasser sein und nicht Wein
Wenn du weiß sagst, laß es weiß sein
Wenn du weiß sagst, laß es weiß sein und nicht schwarz
Dadurch wirst du gesegnet sein.

Die Akan glauben auch, daß Onyame selbst großen Wert auf Wahrhaftigkeit legt, und sie drücken das ebenfalls im Sprichwort aus: »Um Betrug zu vermeiden, gab Onyame jedem Geschöpf seinen Namen.« Güte und Großzügigkeit sind es wert, nachgeahmt zu werden, und sie finden sich in vielen sprichwörtlichen Redewendungen: Immer wieder geht daraus hervor, daß die Gütigen ihre Belohnung erhalten und sowohl von Onyame als auch von den Menschen gelobt werden.

> Der Flaschenkürbis der Gütigen zerbricht nicht
> Die Schüssel der Gütigen geht nicht entzwei
> Geld und Kinder strömen in das Haus der Gütigen.

Nicht nur Sprichwörter und alltägliche Redewendungen spiegeln die enge Beziehung zwischen Moral und Religion wider, sondern auch zahlreiche religiöse Verbote oder Tabus, die bei den Akan gelten und die sich sowohl auf Verhaltensregeln als auch auf materielle Dinge beziehen.

Diese Tabus kann man weitgehend als die Grundlage der Moral betrachten, denn früher beeinflußten sie das Leben der Akan in hohem Maß. Aufgrund neuzeitlicher Einflüsse werden die Tabus nicht mehr so strikt eingehalten wie früher, trotzdem helfen sie, unsere Gesellschaft zusammenzuhalten.

Somit beeinflußt Religion ganz entscheidend die moralischen Werte. Die Belohnungen, die von den übernatürlichen Kräften für ein tugendhaftes Leben verteilt werden, sind Gesundheit, Wohlstand und ein langes Leben, wohingegen Bestrafung in Form von Krankheit, Armut oder Tod erfolgen kann. Aber natürlich tun die Akan nicht nur deshalb Gutes oder vermeiden Übeltaten, weil sie die zu erwartenden Folgen vor sich sehen. Es gibt viele Beweise dafür, daß sie das, was gut und richtig ist, um seiner selbst willen tun, denn das moralisch Wertvolle und Erstrebenswerte hat seinen Wert in sich.

5. Die Gesetze der Gemeinschaft

Belohnungen und Bestrafungen werden aber nicht nur von übernatürlichen Wesen erteilt. Die menschliche Gesellschaft hat ebenfalls ihre Belohnungen und Bestrafungen. Die Guten werden mit Lob und Ehren belohnt, während die Bösen, deren Vergehen der bürgerlichen Obrigkeit nicht entgehen, mit körperlicher Züchtigung oder einer Geldstrafe belegt werden. Andere Vergehen bestraft die öffentliche Meinung möglicherweise damit, daß sie den Sünder lächerlich macht oder ablehnt, was dahin führen kann, daß er schließlich geächtet wird.

Die Furcht, aus der vom Gemeinschaftsleben bestimmten Gesellschaft der Akan ausgestoßen zu werden, ist sehr groß und steht oft im Hintergrund, wenn man Laster vermeidet und sich gewisser Tugenden befleißigt. Deshalb wird jeder, der die moralischen Werte bei den Akan betrachtet, bemerken, daß das Gemeinschaftsgefühl eine große Rolle spielt. Das ist auf den Glauben der Akan zurückzuführen, daß der Mensch nie allein sein darf und daß er zu einer Gemeinschaft gehören muß, um in Wahrheit ein menschliches Wesen zu sein. Obgleich es viele Hinweise dafür gibt, daß die Individualität des Menschen keineswegs geleugnet wird, liegt die Betonung auf der Zugehörigkeit zu einer Gemeinschaft. Der einzelne ist nur dann ein im wahren Sinne vollwertiges menschliches Wesen, wenn er mit anderen in Beziehung steht – mit seiner Familie, seiner Sippe und der Gesellschaft; ansonsten ist er weniger als ein Mensch – ein Tier (vgl. S. 25). So ist die Gesellschaft ein Zusammenspiel von Beziehungen, von denen jede zum Wohl und zur Festigkeit der Gemeinschaft beiträgt und das vermeidet, was dem Gemeinschaftsleben abträglich ist.

Das Wohl der Gemeinschaft ist nicht vom moralischen Handeln des einzelnen zu trennen. Handeln, das dem Wohl der Gemeinschaft dient, gilt als gut, während Handeln, das dem entgegensteht, schlecht ist. So helfen die Normen der Gemeinschaft, menschliches Handeln mitzubestimmen. Solche Normen gründen sich auf die Überzeugungen und Erfahrungen, aber auch auf das angestammt gute Urteilsvermögen der Gemeinschaft. Und die einzelnen Individuen tragen das Ihrige dazu bei.

Daher ist das individuelle Verhalten immer von entscheidender Bedeutung für die Gemeinschaft: was jemand in Übereinstimmung mit den etablierten Normen tut, trägt zum Wohl der ganzen Gemeinschaft bei; seine Missetaten jedoch bringen ihr Unglück. In diesem Sinne sagen die Aschanti: »Eine einzige Palme* macht den ganzen Wein sauer« und »Ein Finger voll Öl beschmiert alle anderen«.

Man sagt, daß sich sogar die Natur auflehnt, wenn Menschen Unrecht tun. Bleibt der Regen aus, werden menschliche Missetaten dafür verantwortlich gemacht. Der Erfolg oder Mißerfolg beim Jagen oder Fischen kann zum Maßstab für die moralische Qualität einer Dorfgemeinschaft werden. Die etablierten Normen der Gemeinschaft sind natürlich mit deren Bräuchen und Überlieferungen

* Wenn der Palmwein von einem einzigen Baum nicht in Ruhe gären kann, weil er zu früh angestochen wird, so wird er sauer und verleiht dem ganzen übrigen Wein, wenn er in einen Topf gegossen wird, einen sauren Geschmack.

verbunden. Aber wenn es auch scheinen mag, daß Bräuche und Überlieferungen festgefahren, unabänderlich, kalt und bedrückend sind, wandeln sie sich in Wahrheit doch von Generation zu Generation in Übereinstimmung mit dem gesunden Urteilsvermögen einer jeden Generation, wie es in dem Aschanti-Sprichwort gesagt wird: »Tete asoee, yensoe ho« = »Wir ruhen uns nicht an dem alten Ruheplatz aus.« Die Tradition hat sich bisher als sehr beweglich erwiesen und übt dennoch weiterhin ihren Einfluß aus, sogar in der modernen Welt.

6. *Das Gewissen*

Die moralischen Werte der Akan bestimmen auch in hohem Maße das Gewissen oder die Fähigkeit jedes einzelnen, den Unterschied zwischen richtigem und falschem Handeln für sich selber zu erkennen. Die Aschanti nennen diese Fähigkeit »Ahonim«. Obgleich es scheinen mag, daß die anderen, im Vorhergehenden dargestellten Faktoren die Akan in ihrer Verhaltensweise bestimmen, entscheidet doch auch das eigene Gewissen über das Tun eines Menschen. Ein Aschanti-Sprichwort deutet das an: »Wunyin a na wunhu, na woye bone a, wuhu« = »Es kann sein, daß du nicht merkst, wie du heranwächst, aber du merkst ganz bestimmt, wenn du ein Verbrechen begehst.« So überführt das Gewissen einen Menschen einer bösen Tat, und dieses Gewissen hat eine Beziehung zu dem Anteil des Schöpfers im Menschen. Der, dessen Gewissen rein ist, genießt Frieden, und jener, der ein schlechtes Gewissen hat, wird nicht in Ruhe gelassen, mag das Verbrechen auch unentdeckt bleiben. Die Akan sagen, daß Menschen mit schlechtem Gewissen krank oder wahnsinnig werden und schließlich einen vorzeitigen Tod erleiden. In vielen Fällen legen Menschen ohne Aufforderung nur aus Gewissensgründen ihren Mitmenschen oder den Göttern gegenüber Geständnisse ab.

7. Der Ausdruck moralischer Wertvorstellungen

Die Stämme der Akan verleihen ihren moralischen Wertvorstellungen in Zeremonien Ausdruck, wie etwa bei der Geburt durch Trommeln, durch Hornmusik und die Stäbe der Sprecher am Königshof. Die Sprache der sprechenden Trommeln bei den Akan enthält ebenso ethische Vorstellungen wie auch direkte und gezielte moralische Belehrungen.

Die besten Beispiele für den Einsatz der sprechenden Trommeln kann man am Hof der Aschanti-Häuptlinge finden. Der Okyerema (Trommler), der in den Akan-Gemeinschaften Wissen und Weisheit versinnbildlicht, schlägt die sprechenden Trommeln gewöhnlich zu der Zeit, wenn am Hofe des Häuptlings Gerichtsverhöre stattfinden. Er gibt durch seine Trommeln zu bedenken: »Wudi asempa a, wunyin kye« = »Wenn du daran gewöhnt bist, gerecht zu handeln, lebst zu lang.« Dies soll nicht nur die Kläger daran gemahnen, einen gerechten und ehrenhaften Beschluß zu fassen, sondern auch die übrigen Anwesenden, Zeugen und Zuhörer auffordern, stets rechtschaffen zu handeln, denn diese Tugenden werden mit einem langen und friedvollen Leben belohnt.

Die Hörner, die gewöhnlich von den Begleitern der Häuptlinge geblasen werden, haben auch ihren Anteil an der Vermittlung moralischer Unterweisungen. Das Horn eines jeden Häuptlings sendet eine besondere Botschaft aus. Das Horn des obersten Häuptlings im traditionsgebundenen Mampong-Bezirk im Aschanti-Land Ghana sagt zum Beispiel: »Nni bone akyi« = »Folge dem Übel nicht!« Es fordert sowohl den Häuptling als auch das Volk auf, Böses zu vermeiden und dem Guten zu folgen.

Einige hoheitliche Insignien, die sich in den Palästen der Häuptlinge befinden, verkörpern ebenso das über alles geschätzte Wissen, die Erfahrung und Weisheit des Landes. Unter diesen Insignien sind die oben erwähnten Sprecherstäbe oder »Schirmspitzen« von besonderer Bedeutung. Bei den Akan spricht nämlich der König nicht direkt zum Volk. Er spricht vielmehr durch Sprecher, die in der Regel sehr weise und gute Redner sind. Der Stab der Sprecher, den sie dabei in der Hand halten, ist ihr Amtssymbol. Diese aus Holz geschnitzten oder aus Gold oder Silber gefertigten symbolischen Gegenstände in Gestalt von Menschen, Tieren, Früchten, Blumen oder Teilen von Gegenständen versinnbildlichen hochverehrte Werte. Die Aschanti nennen diese Objekte »abosode«. Im folgenden sind einige der Symbole, die moralische Werte ausdrücken, genannt:

a) eine Hand, die ein Ei hält und die sich gewöhnlich auf der Spitze eines Sprecherstabes oder eines Schirms befindet, besagt: »Die Macht gleicht einem in der Hand gehaltenen Ei. Wenn du es zu fest hältst, zerbricht es, und wenn du es zu locker hältst, fällt es zu Boden.« Deshalb muß mit großer Sorgfalt mit der Macht umgegangen werden.
b) Eine Waran-Eidechse, die auf der Spitze eines

Sprecherstabes sitzt, verleiht dem Aschanti-Sprichwort Ausdruck: »Meine Aufgabe ist es, zu helfen und aufzubauen und meinen Staat nicht im Stich zu lassen.« Dies ist eine Ermahnung zum Patriotismus.

c) Eine Schlange, die auf einem Sprecherstab sitzt, besagt: »Laß mich sein, wo ich bin, ich bin damit zufrieden.« Dies fordert zur Zufriedenheit auf und zum Vermeiden von Neid und Eifersucht, die die gemeinschaftliche Harmonie stören.

d) Ein kauernder Schimpanse auf der Spitze eines Sprecherstabes will besagen: »Wenn du einen Schimpansen kauern siehst, bitte ihn nicht um einen Stuhl.« Dies Sprichwort betont, daß es nötig ist, sich anzupassen.

Diese Symbole zeigen viele überlieferte geschätzte Werte, die, wenn sie gelebt werden, zur Harmonie zwischen den einzelnen Menschen und zu innerem Zusammenhalt in der Gemeinschaft führen. Zusätzlich zu den Idealen, die auf diese Weise ihren Ausdruck finden, sollen alle anderen bisher beschriebenen Ideale soziale Ordnung und Frieden herbeiführen, ganz abgesehen von den Werten, die sie in sich tragen. Das Zusammengehörigkeitsgefühl der Gemeinschaft wird durch einen stark ausgeprägten Sinn für soziale Geschlossenheit aufrechterhalten, unterstützt durch Gesetze, Bräuche, Tabus und Verhaltensregeln, die den Moralkodex bilden. Richtiges Verhalten heißt, die Gesetze, Tabus, Ordnungen und Gebräuche zu beachten. Deren Verletzung ist moralisch verwerflich und ist als Verfehlung gegenüber den Mitmenschen anzusehen. Aber die Aufrechterhaltung der sozialen Ordnung ist nicht nur ein Anliegen der Lebenden. Übernatürliche Kräfte sind auch sehr darauf bedacht, daß Harmonie in der Gesellschaft herrscht.

Der bedeutsamste Zug der Akan-Ethik liegt in dem Glauben, daß der Mensch frei von Sünde geboren ist und in diesem Zustand bleibt, bis er sich ansteckt oder bis ihn etwas beschmutzt. Der Charakter eines Menschen ist von überragender Bedeutung, er bestimmt sein Wesen und wird von Onyame und von den Menschen beurteilt. Wenn man in den Akan-Stämmen sagt, ein Mensch sei »gut« oder »böse«, so ist dies außerordentlich bedeutsam, denn es faßt die betreffende Person und ihre Handlungen zu einem Eindruck oder Bild zusammen. Man »liebt« nicht in einem luftleeren Raum: die Taten des Menschen zeigen, ob Liebe hinter ihnen steht; man »haßt« nicht in einem luftleeren Raum, denn die Taten zeigen, worauf sie begründet sind. So ist also ein Mensch durch sein Tun oder Lassen gekennzeichnet. Beides steht in Beziehung zu seinen Pflichten, deren Erfüllung von ihm als Glied seiner Familie oder Gemeinschaft gefordert wird. Der »soziale« Aspekt der Moral ist also entscheidend für ein Verständnis der Ethik bei den Stämmen der Akan.

Das moralische Hauptanliegen besteht für die Akan darin, gute und harmonische Beziehungen zwischen dem einzelnen und der Gemeinschaft zu fördern. Im Vordergrund steht nicht die Regelung der Beziehung zwischen Onyame und den Menschen, denn diese stellt sich von selbst ein, sobald die Beziehungen der Menschen untereinander geordnet sind.

Epilog

In den vorausgegangenen Kapiteln habe ich versucht, die traditionelle Religion der Akan zu beschreiben. Es muß jedoch betont werden, daß diese Religion nicht als statisch begriffen werden kann, wenn ich sie auch als traditionell bezeichnet habe. Abgesehen von der gesellschaftlichen Dynamik in Ghana, die von innen heraus Änderungen herbeiführt, haben die Einführung von Christentum und Islam ebenso wie der Einfluß der modernen zivilisierten Welt die traditionelle Religion und Kultur im Akan-Land beeinflußt. Es muß jedoch besonders betont werden, daß die Wirkungen nicht einseitig, sondern wechselseitig sind. Obgleich die traditionelle Religion und die sie stützende Kultur von äußeren Einflüssen erschüttert werden, konnten sie nicht völlig ausgetilgt werden. Sie spielen weiterhin eine bedeutende Rolle im Leben vieler Akan.

Es gibt jedoch zahlreiche Beispiele dafür, daß die neuen Religionen in offenen Konflikt mit der traditionellen Religion geraten. Was das Christentum anbelangt, so forderten die ersten Missionare den völligen Bruch mit der Tradition als Beweis für eine echte Bekehrung. In den ersten Jahren der Missionierung herrschte die Meinung, daß der Christianisierung die Europäisierung vorauszugehen habe. Deshalb wurde die Tradition heftig bekämpft. Bekehrung bedeutete daher das Aufgeben vieler Rituale, die in der traditionellen Religion praktiziert worden waren. Sie war die Ursache dafür, daß die meisten Gottheiten völlig in Vergessenheit gerieten, ebenso ihre Vermittler und andere Würdenträger, die einst eine so bedeutende Rolle in der Religion gespielt hatten.

Zusammen mit den Gottheiten ließ man die Tabus und andere Einschränkungen fallen, die die Verehrung der Götter dem Leben vieler Menschen auferlegt hatte.

Die Bemühungen der christlichen Mission wurden durch die Einführung eines modernen Erziehungssystems unterstützt, welches der neuen Ordnung den Weg bereitete; die Zöglinge der Schulen wandten sich neuen Werten zu und schienen nicht in die traditionelle Gesellschaft zu passen. Viele alte Formen der Erziehung wie Initiations- und Pubertätsriten erhielten einen starken Rückschlag, denn zahlreiche Schüler weigerten sich nun, sich diesen Riten zu unterziehen. Zusammen mit der neuen Erziehung strömten andere Einflüsse aus dem Westen ein, die das einst vorwiegend durch Religion bestimmte Leben grundlegend veränderten.

Aber es gibt auch viele Beispiele dafür, daß sich das Neue dem Alten angepaßt hat – im Gegensatz zu der weitverbreiteten Behauptung, daß die traditionellen Überzeugungen, Riten und sozialen Verhaltensmuster durch neue, ungeheuer kraftvolle ersetzt worden seien. Die Gottesidee ist im großen und ganzen unverändert geblieben und wurde nur durch neues Gedankengut bereichert. Viele Bekehrte wenden sich in Krisenzeiten wieder der alten Religion zu, denn sie glauben bei solchen Gelegenheiten noch immer an die alten, erprobten und erwiesenen Hilfsquellen; dabei werden sie nicht abtrünnig, wenn sie Zuflucht zu diesen nehmen. Außerdem bestehen viele traditionelle Einrichtungen weiter neben dem Neuen. Ein Beispiel dafür ist die Heiratszeremonie. Man führte zusammen mit dem Christentum und den Kolonialregierungen neue Formen der Heirat ein. Akan-Christen können jetzt in der Kirche heiraten und christliche Hochzeiten feiern oder sie können die Ehe auf dem Standesamt schließen. Trotzdem muß für die meisten Akan jede der beiden Heiratsformen durch die traditionelle Hochzeitszeremonie bekräftigt werden. Deshalb nehmen die kirchlichen und standesamtlichen Eheschließungen wieder ab. Auch die Polygamie ist nicht abgeschafft.

Ebenso können in Todesfällen Kirchenmitglieder mit einem christlichen Begräbnis bedacht werden, aber daneben gibt es noch immer die traditionelle Vorbereitung des Leichnams, bevor er aufgebahrt wird; ebenso erhält sich überliefertes Gedankengut über den Tod und das Leben nach dem Tod. Verschiedene Gegenstände wie Münzen, Ringe, Perlen, Hüfttücher, Gewänder, Kissen, Matten, Flaschenkürbisse oder Trankschalen, aus denen die Toten Wasser trinken können, werden noch immer in die Särge der Verstorbenen gelegt, denn man glaubt weiterhin, daß diese eine Reise antreten und die angeführten Dinge benötigen. Abgeschnittene Nägel, Haare, Schwamm, Seife und ein Handtuch können den Gegenständen im Sarg hinzugefügt werden, bevor er für ein christliches Begräbnis in die Kirche gebracht wird. Dies wird als die traditionsgemäße Vorbereitung eines Leichnams vor dem Begräbnis angesehen. Dieser Pflicht gegenüber dem Toten müssen sowohl Christen als auch Nichtchristen bei Todesfällen nachkommen.

Die Erlangung der Unabhängigkeit und die Entstehung des ghanaischen kulturellen Nationalismus haben weitere Anpassungen ermöglicht. Die überlieferte Kultur wird jetzt nicht mehr als »heidnisch« und »rückständig« angesehen, sondern als ein Erbe, das erhalten und integriert werden sollte. In der neuen, nach der Unabhängigkeitserklärung entstandenen Gesellschaft sollte ihm sein rechtmäßiger Platz eingeräumt werden. In diesem Zusammenhang kann erwähnt werden, daß heute führende Regierungsbeamte die traditionellen Feste und die Verbreitung der traditionell überlieferten Religion in Schulen unterstützen. Ebenso helfen ganze Regierungsabteilungen tatkräftig mit, indem sie Lautsprecher für diese Festveranstaltungen, »durbars«, zur Verfügung stellen und Seminare veranstalten, auf denen Lehrer von solchen Menschen unterwiesen werden, die noch ein tiefes Wissen von der traditionellen Religion besitzen. Würdenträger der überlieferten Religion, also Priester und Häuptlinge, wirken bei Staatshandlungen mit, indem sie das Trankopfer darbieten oder andere Kulthandlungen vollziehen, um Regierungsprojekte einzuweihen und deren Erfolg zu sichern.

Ganz abgesehen von Konflikten und Anpassungsschwierigkeiten übt die traditionelle Religion immer noch einen starken Einfluß auf die Akan aus. Beobachtet man ihr tägliches Leben und Treiben, und zieht die mit Heirat, Geburt, Tod, Witwenschaft, Ernte, Initiation oder Einführung in traditionelle Ämter verbundenen Riten mit in Betracht, dann wird man belehrt, daß ein großer Teil des üblichen Gemeinschaftslebens der Bekehrten nichts mit ihrem Christentum zu tun hat. Zudem sind die christlichen Kirchen trotz all ihren Einflusses immer noch fremde Einrichtungen, die sich in soziale Lebensformen einmischen, in die sie nicht einbezogen sind.

Die traditionelle Religion ist ein Lebensstil, und sie bietet befriedigende geistige Werte, besonders in Krisenzeiten oder dann, wenn es um das Wohlergehen des einzelnen geht.

Sie ist so dicht in das Gewebe der Akan-Kultur einverwoben, daß man keine Wahl hat, sich herauszuhalten. Eine alte Frau, die ich einst fragte, ob es möglich sei, von der traditionellen Religion zu einem anderen Weg religiösen Lebens zu wechseln, antwortete: »Für uns ist die hergebrachte Religion nichts Vorübergehendes. Sie ist die Luft, die wir atmen, und die Erde, auf der wir leben. Sie zu ändern hieße, aufhören zu leben.« Dies ist wahr, sowohl für diejenigen, die sich ganz daran halten, als auch für jene, die gelegentlich, aus welchen Gründen auch immer, in eine andere Kultur eintauchen.

So hat sich das überkommene religiöse Erbe in seiner Geschichte und Entwicklung als bemerkenswert anpassungsfähig erwiesen, denn trotz aller Schläge, die es erhalten hat, überlebte es bis zur Gegenwart und nimmt neue Formen an. Es gibt eine Fülle von Hinweisen für kulturelle Kontinuität im Lande der Akan, und diese Beobachtung unterstreicht die Tatsache, daß Kulturen sich nicht völlig verlieren, sondern die Möglichkeit in sich tragen, sich in immer neuen Formen stets wieder durchzusetzen. In gewisser Hinsicht kann man die neuen religiösen Bewegungen in Ghana, die auch als »Spiritual Churches« bekannt sind, als Versuch verstehen, den hergebrachten religiösen Glauben in das Christentum einzubeziehen. Diese Bewegungen versuchen einen Erlösungsbegriff im traditionellen Sinn auszuarbeiten und die Botschaft der Evangelien für die Akan bedeutungsvoller zu machen, indem sie diese Botschaft in deren Tradition einbringen. Diese Bewegungen sind dort erfolgreich, wo sich die Missionare vergeblich bemühten, denn viele der alten Ideen sind noch immer lebendig und erhalten jetzt einen neuen Platz in den neuen religiösen Bewegungen. In ähnlicher Weise gibt es bei den Muslim eine entsprechende Bewegung und es zeigt sich, daß auch der Islam in Ghana mit traditionellem Glauben vermischt und davon durchdrungen ist.

Der Fortbestand des überlieferten religiösen Gedankengutes – wenn auch in abgewandelter Form –, beweist, daß es bleibende und befriedigende geistige Werte anbietet. Besonders in den entscheidenden Augenblicken des Lebens – Geburt, Pubertät, Heirat und Tod wie auch in Angelegenheiten, die das Wohlergehen und das Schicksal der Menschen bestimmen –, gibt es hilfreiche Antworten, die von der Wissenschaft möglicherweise nie gegeben werden könnten. Die traditionelle Religion der Akan liefert unseren Stämmen auch moralische Werte, die den zwischenmenschlichen Beziehungen in der Gemeinschaft zugrunde liegen wie auch der Verbindung der Menschen zu ihrer irdischen und geistigen Umgebung. Die Gottesvorstellung der Akan war die Inspirationsquelle für große kulturelle Errungenschaften in Ghana, die Kunst, Musik, soziale Einrichtungen, politische Systeme und die alten Kulturen umfassen. Wir müssen daher immer wieder in die traditionelle Religion der Akan eindringen, um ihre bleibenden Werte in einer Welt zu erhalten, deren moralische und intellektuelle Unzulänglichkeiten so offensichtlich sind, und um die tiefen Wahrheiten zu verstehen, die in ihr liegen.

Anhang

Die Landwirtschaft

1. Mensch und Erde

Für viele Stämme in Westafrika sind Erde und Religion untrennbar miteinander verknüpft. Von der Erde kommt alles, was den Menschen am Leben erhält, was ihn zu dem Wesen macht, das fähig ist, seine Pflichten in der Gemeinschaft zu erfüllen: die Erde liefert Nahrung, Medizin, aus ihren Gütern werden Wohnhaus und Teile der Kleidung gefertigt. Ein Teil des Menschenwesens ist Erde, und im Tode kehrt er zu ihr zurück. So lebt der Mensch wesentlich von der Erde. Es ist daher nicht verwunderlich, daß die Akan die Erde ehrfürchtig als ihre Mutter ansprechen. Deshalb werden zahlreiche Rituale für sie abgehalten. Sie hat ihren Platz nach Gott und erhält als zweite das Trankopfer. Vor der Bearbeitung des Landes wird sie um Erlaubnis gebeten. Sie ist der Ursprung der Moral, und nach der Ernte erhält sie die erste Nahrung.

2. Klima und Vegetation

Ghana wird von zwei starken Winden heimgesucht. Der Nordost-Passat, örtlich Harmatan genannt, bläst von der Sahara her und erreicht das Land von Dezember bis März mit trockenen Winden, welche zum südlichen Teil des Landes hin schwächer werden. Der Südwest-Monsun bläst feuchtigkeitsbeladen vom Atlantischen Ozean her. Er bewirkt heftige Regenfälle in der Waldregion und wird zu den nördlichen Landesteilen hin allmählich trockener. Diese beiden Winde bestimmen die Art der Landwirtschaft in den drei Hauptvegetationszonen des Landes. Wir beschäftigen uns hier mit dem Gebiet zwischen 6° und 8½° nördlicher Breite, das von den Akan-sprechenden Menschen, die Ackerbauern und Gärtner sind, bewohnt wird. In diesem Gebiet liegt auch der Regenwald, der üppige Vegetation und eine große Mannigfaltigkeit von Bäumen, besonders Hartholz, zeigt: Mahagoni, Odum (Chlorophora excelsa), Osese (Fundtumia africana), Ofo (Landolphia owariensis, eine mächtige Liane aus der Familie der Apocynaceae, die bis zu 100 m lang und 40 cm dick werden kann), Okre (Conopharyngia crassa, Apocynaceae), Sunnro (Alstonia boonei) und viele andere mit astlosen Stämmen und dichtem Kronendach, wodurch das Sonnenlicht vom Boden abgehalten wird. Der Boden ist feucht, und wenn man durch den Wald geht, läuft man wie auf einem Teppich.

In dieser Gegend ist die Hauptnahrung der Menschen die Banane (musa sapientum), Maniok oder Kassawe (manihot utilissima), eine tropische Kulturpflanze, aus deren Wurzel Stärkemehl gewonnen wird, die Yamswurzel (dioscorea sativa) und Cocoyam (colocasia antiquorum). Alle diese Nahrungsprodukte haben einen niedrigen Eiweißgehalt.

3. Das traditionelle landwirtschaftliche System

Der Bauer beginnt im Dezember sein Land zu bearbeiten und fährt damit bis März oder Anfang April fort, wenn die ersten schwachen Regenfälle einsetzen. Der Boden in einem großen Teil des Waldlandes ist fruchtbar, und es bestehen erfahrungsgemäß keine Schwierigkeiten, genügend Feldfrüchte für den persönlichen Bedarf auf einer kleinen Landfläche herzustellen.

Will der Bauer ein neues Feld anlegen, so fällt er zum Beispiel ein Stück Wald mit dem Haumesser.

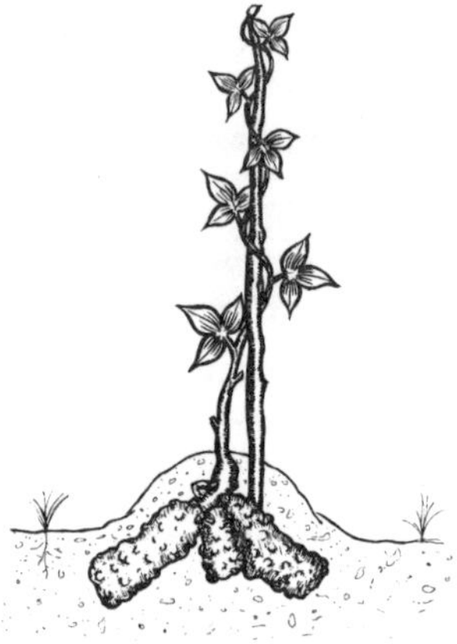

Abb. 10 Yamswurzel
(dioscorea sativa)

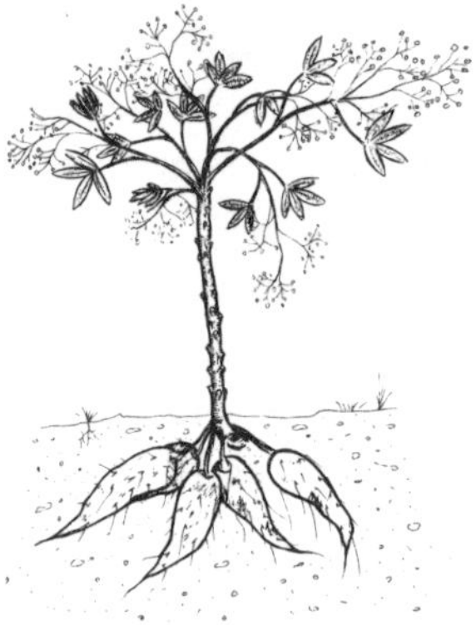

Abb. 11 Maniok, Kassawe
(manihot utilissima)

Abb. 12 Banane, Pisang
(musa sapientum)

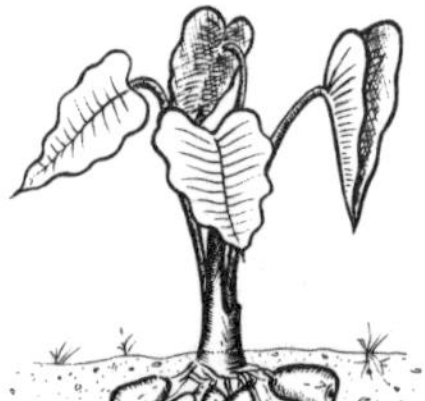

Abb. 13 Cocayam
(colocasia antiquorum)

Dabei werden solche Bäume stehen gelassen, die zu groß sind, um verbrannt oder mit der Axt gefällt zu werden, oder die eßbare Wildfrüchte tragen. Diese Bäume werden gern als Schattenspender für die Feldfrüchte stehen gelassen. Die gefällten Büsche läßt man in der sengenden Sonne ein bis zwei Wochen trocknen. Danach werden sie verbrannt, wobei die Asche anschließend zuweilen über das Land verteilt wird. Die Stümpfe und Wurzeln, die noch nicht vollständig verbrannt sind, werden nun mit der Axt entfernt und auf Haufen gesammelt, um später ebenfalls verbrannt zu werden.

Nachdem das Land in dieser Weise vorbereitet wurde, pflanzt der Bauer zuerst Cocoyam, eine kräftig wuchernde Pflanze mit breiten Blättern, die den später kommenden Pflanzen Schatten spendet. Sie wird entweder als Steckling oder mit der Knolle eingesetzt. Die Cocoyam-Blätter bilden auch den Hauptanteil des Gemüses, von welchem die Akan leben. Nach Cocoyam folgt die Banane, die mit dem Wurzelstock gepflanzt wird, und mit ihr Kassawe, die über Stecklinge vermehrt wird. Beide werden gemischt gepflanzt, nachdem alle anderen Feldfrüchte geerntet worden sind. Als nächste Hauptfrucht wird zwischen die Bananen die Yamswurzel gepflanzt. Sie wird als eine sehr wichtige Knollenfrucht in Hinblick auf die Gottheiten angesehen, da sie – weiß und weich, wie sie ist – ein Symbol der Ausdauer darstellt; sie widersteht auch rauhen Wetterbedingungen. Zur Kultivierung von Yams müssen vorher alle größeren Wurzeln ausgegraben werden, damit die Yamswurzel tief in die Erde eindringen und sich dort entwickeln kann. Deshalb wird der Boden anschließend mit der Hacke bearbeitet und die Erde zu Pflanzhügeln aufgehäufelt, in die dann die Yamswurzel als Steckling gepflanzt wird. Neben jeden Hügel steckt der Farmer einen Stock, an dem die Pflanze sich hochranken soll. Ist sie 15 cm lang, kann das erste Mal angehäufelt werden. Der Bauer lockert dazu die Erde um die Pflanze herum mit einer Hacke und häufelt so an, daß die Pflanze fast bis zur Spitze bedeckt ist. Im Abstand von zwei bis drei Wochen wird weiter angehäufelt, bis sich das Blattwerk der Yamswurzel geschlossen hat. Durch dieses Anhäufeln des Sprosses wird die Rizombildung und damit die Knollenbildung angeregt. Um große Knollen zu ernten, muß der Bauer zwei Jahre warten.

In die Zwischenräume der Yamshügel und der anderen Feldfrüchte werden noch Nkruma (Hibiscus esculentus), Pfeffer, Tomaten, Bohnen, Mais, Auberginen und Zwiebeln gepflanzt. Die

Zwiebeln werden an einem besonderen Platz an einer Ecke des Landes gesetzt, da sie Luft und Sonne benötigen.

Früchte, wie Boofre, der Melonenbaum (carica papaya), werden nicht gepflanzt, weil sie sich zu sehr verbreiten. Zusätzlich zu den oben genannten Feldfrüchten sät der Bauer seinen Mais.

Nachdem all diese Feldfrüchte gepflanzt worden sind, beginnt leichter Regen auf die jungen Pflanzen zu fallen. Nun hat die Familie des Bauern die Aufgabe, die Pflanzen, die im Regen rasch wachsen, unkrautfrei zu halten. Das geschieht zwei- oder dreimal im Jahr, bis die Pflanzen geerntet werden können. Der Bauer errichtet Scheunen, in denen er die Yamsknollen lagert. Bananen und andere Feldfrüchte werden wegen der schnellen Zersetzung von Nahrungsmitteln in den Tropen nicht gelagert. Sie werden direkt geerntet und innerhalb weniger Tage gegessen. Andere Gemüse können nur durch Trocknen in der Sonne haltbar gemacht werden.

4. Arbeitsgeräte

Die Abbildungen zeigen die in der Landwirtschaft meist benutzten Geräte, welche von den Akan verwendet werden. Das erste ist die Hacke, Aso genannt; sie hat einen kurzen Griff und ein Metallblatt mit verschiedener Breite. Sie wird hauptsächlich zum Yams-Pflanzen benutzt, um Yams-Hügel aufzuwerfen und das Unkraut zu hacken.

Das zweite Gerät ist die gewöhnliche Axt, »Akuma«. Sie wird zum Fällen von großen Bäumen benutzt, welche nicht mit dem Erntemesser (Haumesser) gefällt werden können.

Dieses Hau-(Ernte-)Messer, Sekan genannt, ist das nächste wichtige Instrument. Es hat eine etwa 60 cm lange Metallklinge mit einem hölzernen Griff und wird für alle Arbeiten des Rodens und Fällens im Wald benutzt. Meistens ist es an einer Seite geschärft, kann aber auch auf beiden Seiten geschliffen sein. Neben dem Gebrauch als Rodungsgerät wird es auch zum Feuerholzschlagen von mittelgroßen Bäumen und zum Säen verwendet.

Ein weiteres nützliches Gerät ist das Soso. Es wird benutzt, um Yams zu ernten. Die Knollen werden damit freigelegt, um dann eingesammelt

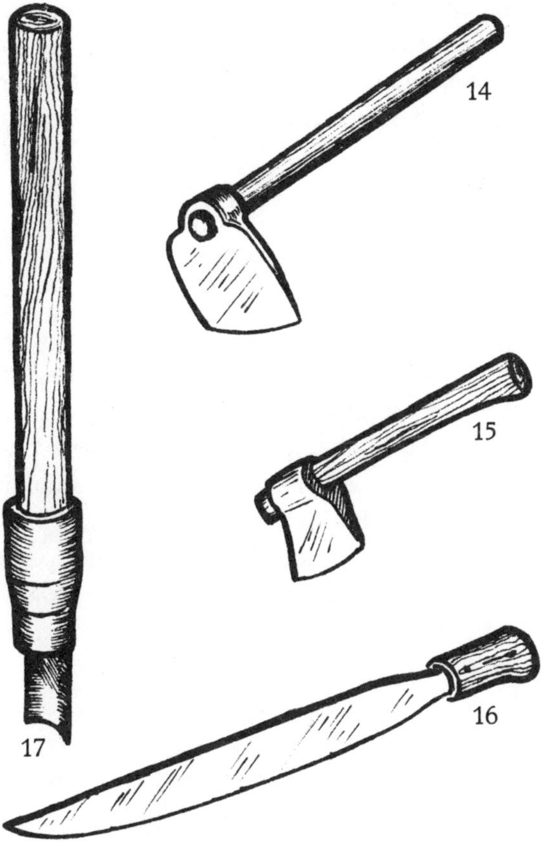

Abb. 14 Werkzeuge: Hacke »Aso«
Abb. 15 Axt »Akuma«
Abb. 16 Haumesser »Sekan«
Abb. 17 »Soso«

zu werden. Man entwurzelt damit auch Palmen. Dieses Gerät hat einen hölzernen Stiel von etwa 1,20 m Länge, der von einem Metall am unteren Ende umschlossen wird, das die leicht gebogene Klinge umfaßt.

5. Schlußbetrachtung

In diesem Anhang wurde der Versuch unternommen, das traditionelle Verfahren in der Landwirtschaft so darzustellen, wie es die Bewohner der Regenwälder in Ghana, die Akan, ausüben. Wir konnten dabei feststellen, daß in ihrem Landbau Tierhaltung, mehrgliedrige Fruchtfolge, Kompostieren, Bodenerosions-Untersuchungen und andere Bodenbewirtschaftungs-Kunstfertigkeiten keine Rolle spielen. Wie weit paßt ihr System noch in die heutige Weltwirtschaftslage?

Mit dem augenblicklichen raschen Bevölkerungswachstum im Land ist ein Fruchtwechsel-Ackerbau nicht ratsam. Es gab eine Zeit, da konnten die 10 Morgen Land unsere Familie noch ernähren, selbst mit dem Brandrodungsbau und dem fortwährenden Wechsel der Feldfrüchte, auch ohne festgelegtes Anbausystem. Heute besteht die Familie (in der afrikanischen Anschauung der »Großfamilie«), die vor 20 Jahren noch aus sieben Mitgliedern bestand, aus 23 Personen, das Land jedoch ist dabei nicht mitgewachsen. Das bedeutet, daß einige der Nachkommen sich eines Tages in die Stadt fortbegeben müssen, um dort eine Beschäftigung zu suchen, die jedoch nicht für sie vorhanden sein wird. Damit beginnen die Probleme. Damit die kleinen Landbesitze die rasch anwachsende Bevölkerung noch ernähren können, müßte es dringend ein Ernährungssystem mit bodenaufbauenden Früchten geben wie Leguminosen, die gleichzeitig der Bevölkerung Eiweiß zukommen lassen.

Die augenblickliche Situation ist dergestalt, daß ein Großteil der Bevölkerung sich nicht klar darüber ist, wie notwendig eine vielseitige Ernährung ist. Maniok, Bananen, Cocayam, Yamswurzel, Mais und Zuckerrohr sowie eine geringe Menge von Blattgemüse bilden die Hauptnahrung des Volkes. Alle diese Pflanzen enthalten aber sehr wenig Eiweiß. Die Notwendigkeit, auch Obst und Gemüse in der Nahrung zu verwenden, wird nicht gesehen. Dabei gibt es eine große Anzahl von nahrhaften Früchten in der Wildnis, die nur gepflückt und zu Tisch gebracht werden müßten. Aber die Früchte werden von der Bevölkerung nicht als Nahrungsmittel angesehen.

Kommt man an einem Orangenbaum vorbei oder findet eine reife Banane, dann ißt man und geht weiter. Ich erinnere mich sehr gut daran, wie ich mit meinen Freunden als Junge zum Orangen- oder Mango-Wettessen ging. Wer die meiste Anzahl von Früchten essen konnte, hatte gewonnen. Wir aßen Bananen und sonstige Früchte nicht zum Zwecke einer ausgewogenen Ernährung, sondern einfach, wenn wir Lust dazu hatten. Sogar noch heute wird jeder, der Gemüse oder Früchte in seine Ernährung miteinbezieht, als ein »Krakye«-Schüler angesehen, als Schüler des »weißen Mannes«. Ein Farmer, der diese gesunden Früchte erntet, wird sie lieber verkaufen, als sie selbst zu essen. Viele Leute werden sicher ganz offen zugeben, daß sie weder Bananen noch Birnen gern essen.

Das Bedürfnis nach einer ausgewogenen Ernährung müßte unbedingt geweckt werden. Wenn junge Menschen gesund bleiben und fähig sein sollen, hart zu arbeiten, und wenn Kinder im Wachstum begriffen sind, dann brauchen sie von jeder Art Nahrung eine ausreichende Menge: bei jeder Mahlzeit aufbauendes Eiweiß, energiespendende Kohlehydrate oder Fett und vitaminreiche Früchte und Gemüse.

Um diese Ausgewogenheit in der Ernährung zu

erreichen, müßten Tiere in das gegenwärtige Farmersystem miteinbezogen werden. Die Kuh sollte ein integrierter Bestandteil des Hofes sein, vielleicht noch mehr als andere Tiere. Alle anderen Hof- oder Haustiere bilden gemeinsam mit der Kuh einen wesentlichen Anteil eines Bauernhofes. So ist das in vielen Teilen der Welt. Die Pflanzen und ihre Rückstände ernähren den Boden, sie liefern das Futter für die Tiere, die ihrerseits den Dünger ausscheiden. Alle diese organischen Stoffe durchdringen den Boden mit Leben. Das ist der Grundkreislauf in der Natur.

Darüber hinaus liefern die Tiere uns Milch und Fleisch, was für die Ernährung wichtig ist. Dergestalt sollte Agrikultur heute sein.

Die Gesundheit im Garten einer Farm beginnt mit dem Boden. Deshalb müssen den Bauern Methoden wie Kompostierung, Gründüngung, Zwischenfrüchte, Mischanbau und Nachbarschaftspflanzung beigebracht werden. Es müßten Kenntnisse vermittelt werden, wie der Boden zu überwachen ist. Durch verschiedene Bepflanzungen – Hecken, Terrassen und ähnliches – kann die Gewalt des abströmenden Wassers nach den schweren tropischen Regenfällen gebrochen und somit die Bodenerosion gering gehalten werden. All dies ist nicht sehr bekannt.

Afrika ist zudem vielleicht der Kontinent, der am reichsten mit Kräutern gesegnet ist. Wenn dieser Reichtum verfügbar gemacht und in das Farmersystem eingebracht wird, dann wird diese Maßnahme nicht nur zur Gesundheit der Farm beitragen, indem Insekten und Fliegen dorthin gelockt werden, sondern auch die Nahrung für das Volk kann angereichert werden, das diese Kräuter dann vielleicht als Medizin verwendet, statt teure, chemisch hergestellte Arzneimittel zu kaufen, die nicht zur Verbesserung, eher zur Verschlechterung der Gesundheit beitragen.

Was hier erörtert wurde, bedarf der Schulung, aber auch der Offenheit von seiten der Bauern, neue Methoden zur Verbesserung annehmen zu wollen. Selbst ein einfaches Wissen über den Fruchtwechsel bei Gemüse wie der folgende wird einen langen Weg benötigen, bis dem Boden und den Bauern wirksam geholfen wird:

- Tomaten, Zwiebeln (kräftige humose Erde)
- Cocoyam-Blätter (Kompostierung)
- Okra, kleine Auberginen (humoser, leichter Boden)
- Gemüse: Bohnen und Erbsen.

Sie werden in dieser Reihenfolge abwechselnd gepflanzt. In dieser Richtung sehe ich mein Studium in Entwicklungshilfe und biologisch-dynamischer Wirtschaftsweise sich in der Garten- und Feldarbeit als wohltätig erweisen, nicht nur für mich, sondern ebenso für mein Volk. Mit der Sachkenntnis und dem Können, die ich mir in diesem Studium erworben habe, werde ich meinem Volk bei der Erneuerung des derzeitigen Systems helfen, nicht, um aus ihnen Europäer zu machen, sondern um ihnen mit dieser Methode beizustehen, daß sie überleben: ein System, das ökologisch sicher ist, arbeitsintensiv, billig und ertragreich und das an die vorhandenen Lebensprozesse anknüpft und einfach zu handhaben ist, um einen fruchtbaren Boden zu schaffen.

Auf diese Weise wird das Volk, das sich bereits einer Bodenverschlechterung gegenübersieht, das von Armut und Hunger bedroht ist, eines Tages fähig sein, auf seinem eigenen Grund und Boden zu leben und sowohl Nahrung für sich selbst als auch Verkaufsüberschüsse zu produzieren. Es wird ein Leben führen können, wie es sich das jetzt noch nicht vorstellen kann.

Ich möchte keinesfalls dazu raten, daß das gegenwärtige System des Brandrodungsbaues und Fruchtwechsels mit all seinen Begleitproblemen vollkommen aufgegeben werden soll, aber, um in der gegenwärtigen Situation des Bevölkerungswachstums und der Hungersnöte bestehen zu können, muß Raum für etwas Neues geschaffen werden: Bäume werfen ihr Laub ab, Schlangen und andere Tiere schlüpfen aus ihrer Haut und bilden sich eine neue; der Mensch geht während seiner Entwicklung durch seine Siebenjahresrhythmen, wie es den Akan wohlbekannt ist; die Jahre kommen und gehen, und so müssen sich auch die Kulturen erneuern und die Systeme wandeln. Mit einem gesunden Anbau mit mehrgliedriger Fruchtfolge, Zwischenfrüchten, mit Mulchen, Kompostieren, Gründüngung, mit der Eingliederung von Tieren in das Farmerleben und mit sorgfältiger Beobachtung des Bodens wird es möglich sein, von einem kleinen Grundstück höhere Erträge für die Bedürfnisse der Familie zu erwirtschaften als von einem großen Gelände, das schlecht bewirtschaftet ist.

Meine Eltern pflegten zu sagen: »Emmere dane a dane wo ho« – »Wenn die Zeiten sich ändern, mußt du dich mit ihnen wandeln...«